Erich Bauer

Löwe

23. 7. – 23. 8.

Alles über den Löwen:

Liebe • Gesundheit • Beruf

Illustrationen von Isabella Roth

Knaur

Besuchen Sie uns im Internet:
www.droemer-knaur.de

Originalausgabe 2001

Redaktion: Ralf Lay
Umschlaggestaltung: Zero Werbeagentur, München
Illustrationen: Isabella Roth, Hamburg
Layout und Satz: Sabine Hüttenkofer, München
Druck und Bindung: Clausen & Bosse, Leck
Printed in Germany
ISBN 3-426-77546-8

4 5 3

Für Mahbuba, Theo, Robby, Holger und Luca

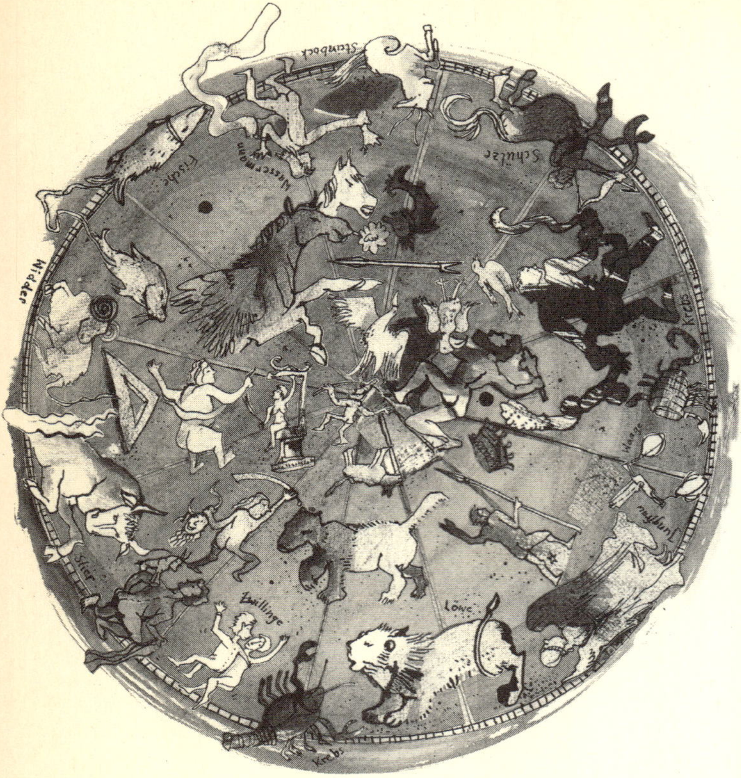

Die Sternzeichen des nördlichen Tierkreises bilden die Grundlage der Astrologie

INHALT

VORWORT

Astrologie ist eine wunderbare Sache.
Sie verbindet den Menschen mit dem Himmel, richtet seinen Blick nach oben in die Unendlichkeit. Vielleicht steckt hinter der Beschäftigung mit Astrologie zutiefst die Sehnsucht nach unserem Ursprung, unserem Zuhause, nach Gott – oder wie immer man das Geheimnisvolle, Unbekannte nennen will.

Astrologie ist uralt und trotzdem hochaktuell.
Die ersten Zeugnisse einer Sternenkunde liegen Tausende von Jahren zurück. Und dennoch ist sie brandneu. Es scheint, als hätte sie nichts von ihrer Faszination eingebüßt. Natürlich hat sich die Art und Weise astrologischer Beschäftigung verändert. Während früher noch der Astrologe persönlich in den Himmel schaute, studiert er heute seinen Computerbildschirm. Damals konnte man nur von einem Kundigen eingeweiht werden, heute finden sich beinahe in jeder Zeitung astrologische Prognosen.

Astrologie ist populär.
Jeder kennt die zwölf Tierkreiszeichen. Man kann eigentlich einen x-beliebigen Menschen auf der Straße ansprechen und ihn nach seiner Meinung befragen: Er weiß fast immer Bescheid, sowohl über sein eigenes Sternzeichen als auch über die meisten anderen. Die zwölf astrologischen Zeichen sind Archetypen, die im Unterbewußtsein ruhen und auf die man jederzeit zurückgreifen kann.

Astrologie schenkt Sicherheit.
Der einzelne findet sich eingebettet in einer gütigen und wohlwollenden Matrix, ist aufgehoben, hat seinen Platz, so wie auch alle anderen ihren Platz haben.

Astrologie kann gefährlich sein.
Sie kann sowohl den Astrologen wie auch seine Klienten dazu verleiten, sich aus der Wirklichkeit auszublenden. Ersterem scheint sie ein schier perfektes System zu liefern: Konstellationen, die sich auf Bruchteile von Sekunden berechnen lassen, blenden und machen

glauben, man habe es mit einer exakten Wissenschaft zu tun. Genau das ist aber falsch. Die Astrologie ist viel eher eine Kunst oder eine Philosophie als eine Naturwissenschaft. Ihre Vorhersagen sind immer nur ungefähr, zeigen eine Möglichkeit, geben aber keine Garantie. Astrologen wie Ratsuchende driften, wenn sie nicht achtgeben, leicht in eine Pseudowelt ab. In ihr ist zwar alles in sich stimmig, allein es fehlt am validen Bezug zur Wirklichkeit.
Ich bin Astrologe aus Passion. Ich lebe in dieser Welt, aber ich weiß auch, daß sie nicht alles offenbart. Ich freue mich, die Gestirne als Freunde zu haben, und glaube, daß ich so mein Schicksal gütig stimme. Das ist eine Hoffnung, kein Wissen.

Ist Astrologie dann ein Religionsersatz?
Vielleicht. Aber genausogut könnte man auch die Religionen als einen Ersatz für Astrologie bezeichnen. Die Sterne waren jedenfalls zuerst da. Ich betrachte die Planeten wie »Götter«. Aber das tue ich nur, um die Würde zum Ausdruck zu bringen, die ihnen nach meiner Meinung zu eigen ist. Ich weiß jedoch auch, daß sie nicht der Weisheit letzter Schluß sind. Dahinter existiert noch etwas Größeres, Mächtigeres, Unfaßbares.
Am meisten begeistert mich, daß mir die Astrologie die Augen geöffnet hat für die Vielfalt des Lebens. Man neigt doch so sehr dazu, die Welt als einen Teil von sich selbst zu erleben, entweder passend oder nicht – richtig oder falsch. Mit Hilfe der Astrologie habe ich erfahren, daß es verschiedene Prinzipien gibt und damit auch ganz verschiedene Menschen.

Ich wünsche Ihnen beim Lesen Spaß, Spannung, etwas Skepsis – und daß Sie sich selbst und andere besser verstehen.

Erich Bauer im Frühjahr 2001

Eine kurze Geschichte der Astrologie

Am Anfang jeder Geschichte der Astrologie steht das Bild des nächtlichen, mit Sternen übersäten Himmels. Der Mensch früherer Zeiten hat ihn sicher anders erlebt als wir. Er wußte nichts von Lichtjahren und galaktischen Nebeln. Er erschaute das Firmament eher vergleichbar einem Kind. Und als Kind der Frühzeit sah er sich nicht, wie wir heute, als getrennt von diesem Himmel, sondern als eins mit ihm. Er fand sich in allem und fand alles in sich. Und er folgte dem Rhythmus dieses großen Ganzen, ähnlich wie ein Kind seiner Mutter folgt. Dabei fühlte er sich wohl getragen und geborgen.

Wann die Menschheit anfing, sich aus diesem Gefühl der Allverbundenheit zu lösen, ist schwer zu sagen. Die überlieferten Zeichen sind rar und rätselhaft. Aber als der Homo sapiens begann, die Sterne zu deuten, war er dem großen Ozean seit Äonen entstiegen, er sah sich und den Himmel längst als getrennte Einheiten. Doch kam es irgendwann dazu, daß der Mensch Beziehungen zwischen den Sternbildern und dem Leben auf der Erde wiederentdeckte, deren Kenntnis er eigentlich schon immer besaß. Beispielsweise erlebte er, daß ein Krieg ausbrach, während am Himmel ein Komet auftauchte und die normale Ordnung der Sterne störte. Oder er empfand großes Glück, während sich am Himmel zwei besonders helle Lichter trafen. Er begann solch auffällige Lichter mit Namen zu versehen: »Helios« beispielsweise – oder »Jupiter«, »Mars« oder »Venus«. Er ging sogar dazu über, bestimmte Sterne als Gruppen (Sternbilder) zusammenzufassen und ihnen Namen zu geben, etwa »Widder« oder »Großer Wagen«. Immer wieder beobachtete er typische Gestirnskonstellationen, die parallel zu markanten Ereignissen auf der Erde auftraten. Nach den Gesetzen der Logik entwickelte er aus diesen Zusammenhängen mit der Zeit eine Wissenschaft, die Astrologie, die ihm zum Beispiel die Schlußfolgerung erlaubte, daß auf der Erde Gefahr droht, wenn Mars in das Tierkreiszeichen Skorpion eintritt. So fand der Mensch allmählich seine verlorene Einheit wieder und baute eine Brücke, die ihn mit seinem Urwissen verband, das er im Inneren seiner Seele aber nie wirklich verloren hatte.

DER URSPRUNG

Die Urheimat der Sternkunde war nach heutigem Erkenntnisstand Mesopotamien, das Land zwischen den Flüssen Euphrat und Tigris, das jetzt »Irak« heißt. Dort war der menschliche Geist wohl am kühnsten und vollzog als erster endgültig die Trennung zwischen Mensch und Schöpfung. Die Sterne am Himmel bekamen Götternamen, etwa den des Sonnengotts Schamasch und der Göttin Ischtar, die auch als Tochter der Mondgöttin verehrt wurde und die sich als leuchtender Venusstern offenbarte. Da der Mond, die Sonne und einige andere Lichter im Vergleich zu den Fixsternen scheinbar wanderten, nannte man diese Planeten »umherirrende« oder »wilde Schafe« und unterschied sie von den »festgebundenen« oder »zahmen Schafen« – den Fixsternen, die vom Sternbild Orion, dem »guten Hirten«, bewacht wurden. Der größte Planet des Sonnensystems, mit heutigem Namen »Jupiter«, war im Land zwischen den zwei Strömen ein Sinnbild des Schöpfergottes Marduk. Sein Sohn und Begleiter hieß »Nabu« und wurde später zu »Merkur«. Das rötlich funkelnde Gestirn Mars wiederum war die Heimat des Herrn der Waffen, der genauso als Rachegott angesehen wurde. Saturn war ebenfalls bereits entdeckt worden und wurde als eine »müde Sonne« betrachtet. Außerdem galt er als Gott der Gerechtigkeit, Ordnung und Beständigkeit. Gemeinsam mit anderen Göttern erhob sich schließlich der Rat der zwölf Gottheiten, und damit hatten auch die zwölf verschiedenen astrologischen Prinzipien ihren Auftritt. Zu all diesen Erkenntnissen kam man im Zweistromland etwa zwischen dem 7. und 4. vorchristlichen Jahrhundert.

Man hat Tafeln aus dem 2. Jahrhundert vor Christus gefunden, auf denen Beobachtungen über den Lauf von Sonne, Mars und Venus eingezeichnet waren. Auch Zeugnisse von ersten Geburtshoroskopen stammen aus dieser Zeit. Im Jahr 1847 wurden bei den Ruinen von Ninive 25 000 Tontafeln ausgegraben. Man datierte sie ins Jahr 600 vor Christus. Auf einem Teil dieser Tafeln befinden sich Weissagungen, die, mit etwas Zeitgeist aufgefrischt, ohne weiteres der astrologischen Seite einer modernen Tageszeitung entstammen könnten: »Wenn Venus mit ihrem Feuerlicht die Braut des Skorpions beleuchtet, dessen Schwanz dunkel ist und dessen Hörner hell leuchten, so wird Regen und Hochflut das Land verwüsten.«

Das ist eine »professionelle« astrologische Vorhersage. Damit war Spezialistentum an die Stelle einer ganzheitlichen Naturerfahrung getreten. Denn inzwischen hatte nur der fachkundige Astrologe die Zeit und das Wissen, den Himmel zu studieren, um daraus Rückschlüsse auf die Ereignisse im Weltgeschehen zu ziehen. Bald mußte dieser Fachmann auch nicht einmal mehr den Himmel selbst beobachten. Spätestens im 1. Jahrhundert vor Christus gab es Ephemeriden. Das sind Bücher, aus denen die Stellung der Gestirne zu jeder beliebigen Zeit herausgelesen werden kann. Die Astrologie, wie sie auch heute noch betrieben wird, war damit endgültig geboren.

DIE BLÜTE

In den nun folgenden anderthalbtausend Jahren erlebte die Astrologie eine Blütezeit kolossalen Ausmaßes. Dafür steht ein so bedeutender Name wie Claudius Ptolemäus. Er lebte im 2. Jahrhundert nach Christus und vertrat das geozentrische Weltbild mit der Erde im Mittelpunkt, auf das sich die Menschheit nach ihm noch länger als ein Jahrtausend beziehen sollte. Er war Geograph, Mathematiker und ein berühmter Astrologe und Astronom, der das bis in unsere Zeit fast unveränderte Regelwerk der Astrologie, den *Tetrabiblos*, welcher aus vier Büchern besteht, verfaßte. Darin riet er zu einer sorgfältigen Gesamtschau des Geburtshoroskops. Er erwähnte auch, daß man bei der Beurteilung eines Menschen ebenso dessen Milieu und Erziehung berücksichtigen solle, was einer modernen ganzheitlichen psychologischen Betrachtungsweise entspricht.
Eine spätere Berühmtheit in der Geschichte der Astrologie war Philippus Theophrastus Bombastus von Hohenheim (1493–1541), der sich selbst stolz Paracelsus nannte. Er war Arzt, Alchimist sowie Philosoph, und von ihm stammt jener von Astrologen so viel zitierte Satz: »Ein guter Arzt muß immer auch ein guter Astronomus sein.« Dazwischen lebte der Bischof Isidor von Sevilla (560–636). Er schrieb, ein Arzt solle immer auch sternkundig sein. Erwähnt werden muß natürlich die berühmte weibliche Vertreterin einer sternenkundigen Heilkunst, Hildegard von Bingen (1098–1179). Sie war fasziniert von den Analogien zwischen Himmel und Erde, sammelte Kräuter, pflanzte sie im Klostergarten an und schrieb über die Wirkung der Mondphasen. Natürlich war die heilige Hildegard nicht der einzige weibliche astrologisch denkende Mensch. Aber ihr Name sei hier stellvertretend genannt für

all die Frauen, die als Tempelpriesterinnen, Nonnen und angebliche Hexen ihr ganzheitliches Wissen über die Jahrhunderte hinweg weitergegeben haben.
Bis ins 16. Jahrhundert dauerte die Hoch-Zeit der Astrologie. Beinahe alle angesehenen Denker – wie Platon und Aristoteles im Altertum, Naturwissenschaftler wie Nikolaus Kopernikus (1473–1543), Johannes Kepler (1571–1630) und Galileo Galilei (1564–1624) – dachten astrologisch und berechneten auch Horoskope. Am bekanntesten ist das von Kepler angefertigte Horoskop Wallensteins aus dem Jahr 1608. Die Astrologie wurde an den Universitäten gelehrt, und auch viele Bischöfe und einige Päpste förderten die Sternkunde. Wie es heute selbstverständlich ist, daß ein Naturwissenschaftler Einsteins Relativitätstheorie kennt und versteht, so war damals jeder denkende Kopf in der Astrologie bewandert.

DER NIEDERGANG

Bereits Ende des 16. Jahrhunderts hatte die Astrologie ihren guten Ruf in vielen Ländern Europas verloren. Es gab päpstliche Anordnungen wie die Bulle »Constitutio coeli et terrae« von 1586, in der ein Verbot der Astrologie ausgesprochen wurde, und die meisten Universitäten schafften ihren Lehrstuhl für Astrologie ab.
Worauf war dieser rapide Niedergang zurückzuführen? Es gibt sicher zahlreiche Gründe. Der wichtigste ist, daß sich der menschliche Geist von den Fesseln tradierter Vorstellungen zu befreien begann. Er löste sich mit der Reformation von Rom und später mit der Französischen Revolution von seinen königlichen und kaiserlichen »Göttern«. Da war es nur konsequent, sich auch von den »Göttern am Himmel« loszusagen. Der zweite Grund war der, daß sich im Laufe der Zeit grobe Fehler astrologischer Vorhersagen herumsprachen. So hatte es wohl keine Prophezeiung gegeben, die den Dreißigjährigen Krieg oder die Pest rechtzeitig in den Sternen sah. Der dritte Grund wird häufig von den professionellen Astrologen angeführt. Sie behaupten, daß die falschen Propheten, also die unseriösen Astrologen, der wahrhaften Sterndeutekunst das Aus bescherten. Eine Kunst wie die Astrologie lockt natürlich auch faustische Gestalten an, die davon besessen sind, dem Schicksal einen Schritt voraus zu sein. Solche Schwarmgeister

Die 1524 prophezeite Sintflut aufgrund einer Planetenballung im Fischezeichen fand nicht statt

und falsche Propheten haben der Astrologie bestimmt geschadet, besonders auch, weil durch die Erfindung der Buchdruckerkunst jede selbst noch so törichte Prophezeiung in einer hohen Auflage verbreitet werden konnte. Aber den guten Ruf der Astrologie haben letztlich auch sie nicht ruiniert.
Nein, es waren die Astrologen selbst. Als im 16. und 17. Jahrhundert durch immer neue Entdeckungen die Erde ihre zentrale Stellung verlor und sich ein völlig neues naturwissenschaftliches Verständnis durchsetzte, versuchte die Astrologie mitzuhalten und verlor wegen ihrer unhaltbaren Thesen jeden Kredit in den gelehrten Kreisen. Schon Kepler, der seiner Zeit um Jahrzehnte voraus war, hatte die Astrologen gewarnt und ihnen geraten, ihre Kunst nicht auf einen naturwissenschaftlichen, sondern auf einen philosophischen Boden zu stellen. Er sagte, es sei unmöglich, zu denken, daß die Sterne mittels irgendwelcher Strahlungen die menschliche Seele berühren könnten. Er sprach in diesem Zusammenhang von einem astrologischen Instinkt, der im menschlichen Geist verankert sei. Aber sein »psychologischer Ansatz« wurde überhört und ging schließlich völlig unter. Die Astrologen sahen sich im Gegenteil dazu veranlaßt, immer hanebüchenere »wissenschaftliche« Thesen aufzustellen. Die Folge war ein gewaltiges Gelächter der gesamten gelehrten Welt im 17. Jahrhundert, das bis heute noch nicht verklungen ist.

DER NEUBEGINN

Erst im 19. und dann besonders im 20. Jahrhundert besann sich der Mensch wieder vermehrt seiner fernen Vergangenheit. Der Schweizer Psychoanalytiker C. G. Jung etwa sagte, daß die Astrologen endlich darangehen müßten, ihre Projektionen, die sie vor Jahrtausenden an den Himmel geworfen hätten, wieder auf die Erde zurückzuholen. In jeder menschlichen Seele seien die Kräfte der astrologischen Archetypen, der archaischen Urbilder, enthalten und dort wirksam. So wird der Raum am Himmel mit den Zeichen und Planeten zu einer Landkarte menschlicher Anschauung. Dabei ist es nicht so, daß zum Beispiel der Planet Mars die Geschicke *bestimmt*, sondern er *zeigt* durch seine Position den Gesetzen der Analogie folgend *auf*, was in der menschlichen Seele vor sich geht.

Nach seiner jahrtausendelangen Reise heraus aus der Allverbundenheit hat der Mensch also begonnen, den Bezug zu seinen Ursprüngen wiederherzustellen. Er besinnt sich als kritischer und freier Geist darauf, was schon immer in ihm vorhanden war. Damit beginnt die Ära einer psychologischen oder philosophischen Astrologie. Und das ist auch die Geburtsstunde einer Astrologie, die ganzheitlich denkt und arbeitet.

In etwa parallel zu dieser allmählichen Hinwendung zur Psychologie und Philosophie übernahmen Computer mit entsprechender Software den komplexen Rechenvorgang zur Erstellung eines Geburtshoroskops. Bis vor vielleicht zehn, zwanzig Jahren gehörte es zum Standardkönnen eines jeden Astrologen, Horoskope zu berechnen und zu zeichnen. Dies ist sehr wahrscheinlich einer der Gründe, warum Frauen unter den Sterndeutern damals deutlich in der Minderzahl waren. Es ist einfach nicht ihr Metier, sich mit trockenen Zahlen und komplizierten Berechnungen herumzuschlagen, wo es doch um seelische Vorgänge geht – und diese Feststellung ist in keiner Weise abwertend gemeint, denn heute sind Frauen unter den Astrologen bei weitem in der Überzahl.

Der PC spuckt nach Eingabe von Name, Geburtsdatum, -ort und -zeit in Sekundenschnelle das Horoskop aus. Die astrologische Kunst scheint jetzt »nur« noch darin zu bestehen, die Konstellationen richtig zu deuten. Und auch hier ersetzt der Computer mehr und mehr den Astrologen. Es gibt schon seit einigen Jahren Programme, die mit entsprechenden Textbausteinen zu bemerkenswert treffenden Aussagen kommen. Ist dies nun das Ende der Sterndeuter? Ich meine: im Gegenteil! Überlassen wir dem »Computer-Astrologen« ruhig die Grundarbeit. Das spart Zeit. Dafür kann der »Mensch-Astrologe« die einzelnen Fakten im Sinne einer ganzheitlichen Schau zusammentragen und sich völlig dem Verständnis der einmaligen, individuellen Persönlichkeit widmen. Ebendafür ist ein großes Maß an Intuition, die ja gerade eine weibliche Stärke ist, mit Sicherheit von Vorteil.

Teil I DAS TIERKREISZEICHEN

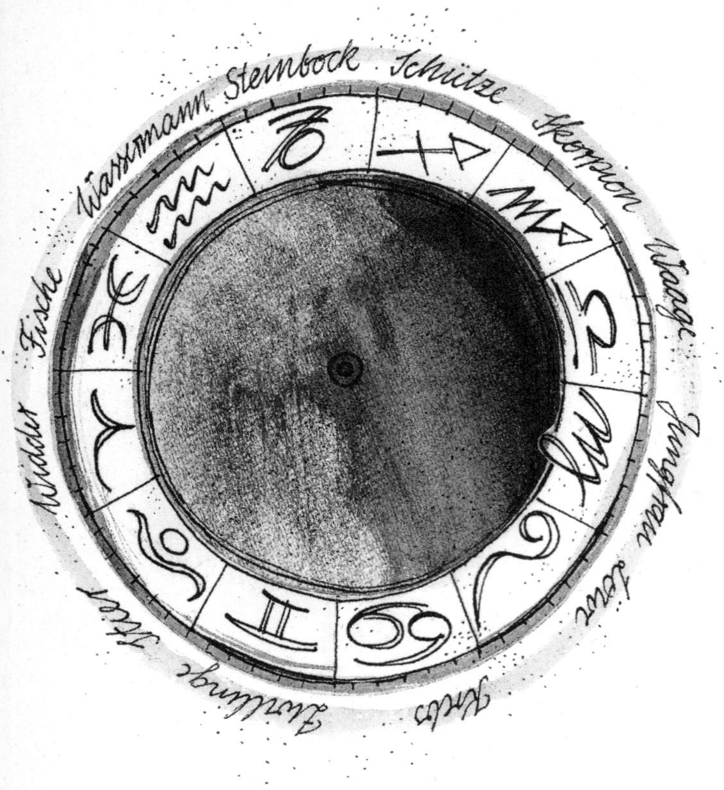

Der astrologische Tierkreis besteht aus zwölf Tierkreiszeichen

WAS IST EIGENTLICH EIN TIERKREISZEICHEN?

Die Erde dreht sich bekanntlich einmal im Jahr um die Sonne. Von uns aus gesehen, scheint es aber so zu sein, daß die Sonne eine kreisförmige Bahn um die Erde beschreibt. Der Astrologie wird vielfach vorgeworfen, sie ignoriere diesen grundlegenden Unterschied. In Wirklichkeit ist er für die astrologischen Berechnungen und Horoskopdeutungen jedoch nicht von Bedeutung.
Diesen in den Himmel projizierten Kreis nennt man »Ekliptik«. Die Ekliptik wird in zwölf gleich große Abschnitte gegliedert, denen die Namen der zwölf Tierkreiszeichen zugeordnet sind. Zwischen dem 23. Juli und dem 23. August durchläuft die Sonne gerade den Abschnitt Löwe, weswegen dieses Tierkreiszeichen auch Ihr »Sonnenzeichen« genannt wird.
Jedes Tierkreiszeichen symbolisiert bestimmte Charaktereigenschaften und Verhaltensweisen, die mehr oder weniger typisch für die in dem betreffendem Zeitraum geborenen Menschen sind. Wie schon im Vorwort angedeutet wurde, handelt es sich bei diesen Archetypen allerdings nur um *einen* Aspekt der Persönlichkeit, der durch die Aussagen ergänzt bzw. beeinflußt wird, die sich herleiten von dem individuellen Aszendenten und der Tierkreiszeichen-Stellung der anderen Planeten zum Zeitpunkt der Geburt (dazu später mehr). Für ein wirklich aussagekräftiges Horoskop müssen Sie also auch die übrigen Konstellationen berücksichtigen und sie mit Ihrem Sonnenzeichen in Beziehung setzen.
Ebenso wie der Kreislauf des Jahres wird die Bahn, welche die Sonne an einem Tag scheinbar um die Erde zurücklegt, in zwölf Abschnitte gegliedert. So können etwa Ihr Aszendent und damit der Anfang des ersten Hauses sowie die Mondposition gefunden werden.
In diesem Buch werden nicht alle, aber die wichtigsten Horoskopfaktoren sowie ihre Ermittlung und Bedeutung besprochen. Wenn Sie darüber hinausgehende Informationen wünschen, finden Sie eine Fülle spezieller Fachliteratur dazu. Die genauen Gestirnspositionen zum Zeitpunkt Ihrer Geburt können Sie zum Beispiel den vom Computer errechneten Horoskopzeichnungen entnehmen, die inzwischen von vielen Anbietern verschickt werden (siehe auch die Info am Ende des Buches).
Doch beginnen wir jetzt mit der Betrachtung Ihres Sonnenzeichens, um zunächst einmal herauszufinden, was denn nun »typisch Löwe« ist.

Löwe

Tierkreiszeichen Löwe – DER HINTERGRUND

Bei einer kleinen Übung, die ich in meinen Astrologieveranstaltungen gern durchführe, bitte ich die Teilnehmer, ganz spontan und ohne lange Überlegung all die Worte aufzuschreiben, die ihnen einfallen, wenn sie den Begriff »Löwe« hören.
Sie können die Übung jetzt auch sofort selbst einmal durchführen: Schreiben Sie einfach Ihre Assoziationen zu diesem Wort auf! Es wird bei Ihnen wahrscheinlich nichts wesentlich anderes herauskommen als bei all denjenigen, die zuvor dieses »Brainstorming« gemacht haben: »Macht, Führung, Prestige, Schönheit, Leben, Sonne, Status, Power, Überheblichkeit, Größe, Selbstherrlichkeit, Napoleon, Bill Clinton, Dom, Großzügigkeit, Verschwendung, Strahlelaune, Lust, Arroganz, Gnade, Ruhm, Herrlichkeit, Majestät, Wonne ...« Ist es nicht großartig, was man mit dem Wort »Löwe« verbindet?

Sie könnten jetzt einwenden – und dann sind Sie bestimmt kein hundertprozentiger Löwe, ich meine, dann haben Sie einen Aszendenten und/oder ein Mondzeichen, die Ihr Löweprinzip ein klein wenig relativieren –, es kämen ja auch Worte wie »Arroganz, Verschwendung und Selbstherrlichkeit« vor. Dann haben Sie zwar recht, aber wiederholen Sie einmal diesen gleichen Test mit den Tierkreiszeichen Skorpion, Steinbock, Jungfrau oder Fische. Sie werden sofort den Unterschied bemerken: Der Löwe löst mit Abstand die positivsten Gedanken, Gefühle, Assoziationen, Bilder und Phantasien aus.

SO EIN GLÜCK!

Allein deswegen schon ist es ein Glück, als Löwin oder als Löwe geboren zu sein. Diese Menschen werden von der ersten Minute ihres Lebens an schmeichelnden, verschönernden, erhebenden Schwingungen ausgesetzt. Dazu paßt, daß sie auch noch zu einer Jahreszeit zur Welt kommen, in der – zumindest auf der nördlichen Hemisphäre – das Leben seine lässigste Gangart einschlägt: Ende Juli bzw. August, Ferienmonate, die Sonne strahlt, es ist Sommer, »richtiger« Sommer!

»So ein Glück!« sagen die einen, vor allem natürlich Löwegeborene selbst und vielleicht noch die Wassermänner; denn letztere sind genauso großzügig wie Löwen und fühlen sich ähnlich privilegiert. »So eine Gemeinheit!« werden viele andere schmollen – zum Beispiel bestimmte Jungfrauen, Steinböcke, Skorpione und Zwillinge –, die sich abplagen und abstrampeln, um wenigstens ein bißchen Anerkennung zu erhaschen.

Die Wirklichkeit von typischen Löwegeborenen hat jedoch sowohl etwas von der einen wie auch von der anderen Seite – und noch etwas dazu: Einerseits sind Löwen wirklich privilegiert, zum anderen haben sie sich viel mit Neidattacken abzuplagen. Und natürlich verfügen auch sie nicht nur über Sonnenseiten: Ihr Image als Sonne-Wonne-Kind kostet Kraft, und ihr innerer Anspruch auf Größe verlangt, daß sie auch jede Menge Güter besitzen. Und sie sind vor allem – wie es bei einer richtigen Majestät ja meistens der Fall ist – stur wie ein Panzer und unglaublich inflexibel.

Bevor ich aber weiter über das Naturell des Löwen erzähle, möchte ich Sie ein wenig mit den im Tierkreis (Zodiakus) zeitlich vorangegange-

nen Zeichen vertraut machen (siehe die Abbildung der Ekliptik zu Beginn von Teil I). Denn dies ist die Voraussetzung, daß man das Wesen eines Löwen ganz erfaßt.
Der Tierkreis beginnt mit dem Widder. Er steht am Anfang, und er symbolisiert tatsächlich einen Neubeginn. Stellen Sie sich ein Ei vor, das gerade aufbricht, aus dessen Innerem sich ein neues Wesen mit aller Kraft nach außen, hinaus in das Leben drängt. Wenn das neue Lebewesen seinen ersten tiefen Atemzug genommen hat und auf seinen eigenen Beinen stehen kann, wird es beginnen, den Raum zu erobern. All das gehört symbolisch zum Tierkreiszeichen Widder: aufbrechen, sich ausdehnen, erobern, einnehmen.
Irgendwann wird unser neugeborenes Wesen vielleicht einen bestimmten Platz als seinen eigenen erleben und durch entsprechende Vorkehrungen wie Markierungen oder Abgrenzungen versuchen, ihn zum Eigentum zu erklären. Damit beginnt das zweite astrologische Prinzip, nämlich Stier: absichern, Fuß fassen, Raum nehmen, schützen, bewahren, sammeln, aneignen, besitzen.
Das dritte Prinzip, Zwillinge, beginnt in dem Augenblick, in dem wir anfangen, andere Lebewesen wahrzunehmen und mit ihnen Kontakt aufzunehmen. Diese Kontaktaufnahme ist allerdings völlig auf sich selbst bezogen. Ich meine damit, daß auf der Entwicklungsstufe der Zwillinge noch keine wirkliche Begegnung stattfindet, sondern »das andere« nur im Hinblick auf das eigene Selbst gesehen und eingestuft wird: Was gibt mir das oder der andere, was hat der andere, was unterscheidet ihn von mir? Die Zwillingeenergie kann man am besten mit dem Spiel von Kindern vergleichen. Sie sind vollkommen in Kontakt miteinander, der jedoch bei der kleinsten Störung oder Unstimmigkeit abgebrochen wird und sich in Auseinandersetzung und Streit verkehrt: Das ist noch keine soziale, reife, von gegenseitigem Respekt getragene Beziehung oder gar Partnerschaft.
Mit dem vierten Zeichen, dem Krebs, beginnt eine völlig neue Seinsebene, nämlich die des Fühlens oder »Sich-in-sich-selbst-Findens«. Auf der Entwicklungsstufe des Krebses erlebt sich der Mensch nicht als Macher (Widder), als Besitzer (Stier), als Begegnender (Zwillinge), sondern als seiendes und empfindendes Wesen. Mit anderen Worten: Der Mensch erlebt sich in der Weise, wie und was er in sich aufnimmt und wieder abgibt.
Mit dem Zeichen Krebs ist der Mond assoziiert, oder, wie es in der Astrologie heißt, der Mond regiert den Krebs. Und so, wie der Mond

das Licht der Sonne aufnimmt und es auf geheimnisvolle Weise transformiert, so daß auf der Erde unterschiedliche Wachstumsphasen bewirkt werden, so sind auch Krebsgeborene Wesen, die alles, was sie aufnehmen, nähren sowie zur Reifung und Frucht bringen. Das Urbild vom Krebs ist eine Schwangerschaft, bei der im Leib einer Mutter neues Leben reift.
Das dem Krebs nachfolgende Tierkreiszeichen ist der Löwe. Um beim Bild von Sonne und Mond zu bleiben: Jetzt entsteht der Wunsch, selbst zur Sonne zu werden, aktiv zu gestalten und durch eigenes Wirken und Tun die Welt »draußen« zu verändern und neue Welten zu erschaffen.

SONNE SEIN

Wenn Sie ein typischer Löwegeborener sind, dann werden Sie nicht nur ein »sonniger Mensch«, sondern selbst so etwas wie eine Sonne sein: ein Wesen, das aus sich heraus gebiert, erzeugt, kreiert, erschafft und handelt.
Ich möchte jetzt einige Löwemenschen beschreiben, von denen ich meine, daß sie diese Löwekraft ganz besonders deutlich repräsentieren. Ich will damit keineswegs andeuten, Sie sollten diese »Prominenten« nun imitieren. Denn eines muß gleich vorneweg gesagt werden: Ein Löwe imitiert nie jemanden, das hat er nicht nötig. Ich zeige Ihnen diese Persönlichkeiten vielmehr deswegen, damit Sie sehen, welche astrologischen Brüder und Schwestern Sie haben.
Madonna Ciccone und Mick Jagger sind Popstars – und beide Löwen. Sie verkörpern das »Löwische« so gekonnt, daß sie damit weltberühmt wurden. Mick Jagger röhrt seit über dreißig Jahren über sämtliche große Bühnen der Welt und hat bis heute nichts eingebüßt von seinem packenden Feuer, seinem grenzenlosen Selbstbewußtsein und seiner musikalischen Genialität. Der Song »I can't get no satisfaction«, den er mit seiner Band »The Rolling Stones« in den Sechzigern spielte, bringt das Credo eines Löwen auf treffende Weise zum Ausdruck: mehr zu wollen, mehr, mehr, immer mehr ...!
Madonna spielt ihr Repertoire »erst« seit etwa Anfang der achtziger Jahre im Licht einer so großen Öffentlichkeit, schockiert dabei immer wieder und bleibt trotzdem an der Spitze. Ihr Bestseller *Erotica* bei-

spielsweise, der 1992 erschien, durfte nur in zusätzlicher Verpackung über den Ladentisch der Buchhandlungen gehen. Mitte der neunziger Jahre übernahm Madonna die Rolle der argentinischen Nationalheldin Eva Perón in dem Filmmusical »Evita«: Die »Welt« (damit sind vor allem natürlich die Argentinier gemeint) protestierte – und die Welt lag ihr hernach genauso zu Füßen. Jetzt ist sie Mutter, ganz Mutter – und alle scheinen wieder fasziniert zu sein.
Schauen Sie sich einmal ein Video dieser Stars an: wie sie sich bewegen, tanzen, sich in Pose werfen – hemmungslos, schamlos, ohne Scheu (diese Begriffe sind nicht abwertend oder moralinsauer gemeint). Das Gefühl, sich keinerlei Beschränkungen auferlegen zu müssen, das Talent, ein Leben zu leben, das man selbst vorgibt, all dies steht keinem anderen Tierkreiszeichen so uneingeschränkt zur Verfügung wie Löwegeborenen. Sie überzeugen, weil sie von sich selbst überzeugt sind. Sie gewinnen andere, weil sie von ihnen nicht abhängig sind.
Vielleicht gehören Sie ja nicht zu den Fans solcher Stars. Vom Musikgeschmack einmal abgesehen, kann ich Ihnen dann – ohne Sie näher zu kennen – aufgrund meiner Erfahrungen auf den Kopf zusagen, daß Sie kein »reiner« Löwe sind. Ganz sicher haben andere Horoskopfaktoren hier eine relativierende Wirkung auf Ihr Löwenaturell. Vielleicht steht Ihre Sonne auch in einem dem »Löwischen« abträglichen Haus oder in einer Verbindung mit einem Planeten, der etwas zum Löweprinzip Gegensätzliches repräsentiert. Denn ein richtiger Löwe liebt Show, Theater, Rampenlicht, Kult und Applaus. Oder Sie sind, auch das ist natürlich möglich, ein ausgesprochen von sich selbst überzeugter Löwe. Dann gefallen Ihnen diese Stars wahrscheinlich deswegen nicht, weil Sie denken, Sie könnten dies alles noch besser als sie. Das wäre allerdings wiederum absolut löwetypisch.
Wenn Sie die Reihe solcher Größen aus dem Showbusiness erweitern möchten, können Sie die Schauspieler Götz George, Robert Redford, Arnold Schwarzenegger, Peter O'Toole, das Model Inès de la Fressange und die Moderatorin Margarethe Schreinemakers dazunehmen. Bei ihnen allen ist diese Gabe, zu strahlen und zu glänzen, andere in den Bann zu ziehen und sich von ihnen bewundern zu lassen, besonders ausgeprägt.
Bei einem weiteren berühmten Vertreter der »Abteilung« Löwe läßt sich die unnachahmliche Fähigkeit studieren, die Dynamik von Ruhe und Spannung optimal zu nutzen. Ich meine den Tennisspieler Pete

Sampras. Er siegte 1995 als erster Amerikaner zum dritten Mal in Folge in Wimbledon und gewann erneut die U. S. Open. Mehrere Jahre war er Weltranglistenerster und wiederholt Wimbledon-Champion. Beobachten Sie ihn einmal beim Spielen! Er bewegt sich geschmeidig wie eine Katze, Ball und Gegner ständig im Auge. Er macht keine Bewegung zuviel. Das Erstaunlichste aber ist, daß sein Körper dabei entspannt wirkt, selbst wenn er im Endspiel steht und bereits seit Stunden mit seinem Gegner gekämpft hat. Bei Pete Sampras finden Sie nie Anzeichen von Verkrampfung oder Streß. Seine Bewegungen sind lässig, rund, natürlich, spielerisch, zwischen jeder Aktion scheint er in eine tiefe, vollkommene Entspannung zu versinken. Er lächelt und holt dann scheinbar ohne Anstrengung zu einem Schlag aus, der den Ball mit atemberaubender Geschwindigkeit über das Netz jagt.

Ich kenne eine »Löwin«, die sich möglichst kein Spiel von Sampras im Fernsehen entgehen läßt. Sie behauptet, allein durchs Zusehen ihre eigenen Tennisqualitäten enorm verbessert zu haben. Sie spielt – in der Vorstellung – auf der Seite von Sampras, versetzt sich in ihn hinein und macht seine Bewegungen mit.

Es ist völlig gleichgültig, ob Sie ein Sportler, ein Schauspieler, eine Verkäuferin sind oder im Service arbeiten: Gehören Sie zu den Löwen, dann wirkt in Ihnen seit Ihrer Geburt eine ungeheure Kraft, eine Energie, die Sie zum »Star« und zum Sieger macht. Sie sind von Ihren Eltern und von Ihrem Schicksal dazu auserwählt und bestimmt, etwas Besonderes zu sein. Verstehen Sie mich bitte richtig, ich meine nicht, daß jeder Löwe ein Star wie Sampras, Jagger oder Madonna werden wird. Aber in jedem Löwen steckt diese Kraft, auf seine Weise eine natürliche Autorität, eine Quelle schöpferischer Inspiration, ein strahlender Mittelpunkt und ein erfolgreicher, glücklicher Mensch zu werden.

Wenn Ihnen das Tennisspiel nicht liegt, dann sollten Sie sich vielleicht mal einen Film über wirkliche Löwen anschauen. Vor kurzem sah ich einen im Fernsehen. Erster Akt: Der Löwe ruht, er sammelt seine Kräfte, er schützt sich vor der sengenden Sonne und schont sich, so gut es nur geht ... Er kann warten, er ist der »König der Tiere«. Höchstens sein Schwanz vertreibt lässig aufdringliche Fliegen. Zweiter Akt: Der Löwe reckt sich, er streckt sich. Ungeheure Muskelpakete treten zutage. Da zeigt sich ein Koloß aus Kraft, Energie, Vitalität und Stärke. Er wartet, doch schließlich setzt er sich in Bewegung – lautlos wie ein Schatten. So massiv er noch kurz zuvor wirkte, so schwerelos erscheint er jetzt, wie er federnd zum Wasser trabt. Dritter Akt: Der Löwe jagt. Er ist wie der Wind, schleicht sich an seine Beute heran, bis er nahe genug ist, um mit Höchstgeschwindigkeit angreifen zu können. Im allgemeinen bringt seine große Masse und Wucht das Opfer wie ein Blitzschlag zu Fall. Vierter Akt: Der Löwe ruht. Er kann zig Kilo Fleisch pro Mahlzeit fressen und läßt anschließend Tage verstreichen, bis er wieder auf die Jagd geht.

Ruhen ... tun ... ruhen. Daraus besteht der lebendige Rhythmus eines Löwen. Er braucht immer wieder seine Pausen. Löwen – die Tiere wie die unter diesem Zeichen geborenen Menschen – werden nervös, zänkisch, übelgelaunt, wenn sie keine Zeit zum Ruhen finden.

Ich kenne seit über zehn Jahren eine bestimmte »Löwin«, und seitdem ich sie kenne, setzt mich ihr völlig unregelmäßiger Lebensstil in Erstaunen: Zuweilen schläft sie nur zwei bis drei Stunden, und das über mehrere Tage hinweg. Sobald sie jedoch einen freien Tag hat – und wenn keiner »kommt«, dann nimmt sie sich einfach einen –, schläft sie, schläft und schläft, manchmal über 24 Stunden lang.

Noch mehr bekannte Löwen gefällig? Der Löwe Napoleon Bonaparte war eine außergewöhnliche Person. Er hatte die Französische Revolution und das große Rollen der Royalistenköpfe miterlebt. Und was bringt dieser von Statur kleine Mann relativ kurz darauf fertig? Er veränderte nicht nur die nationale Landschaft ganz Europas, sondern krönte sich zum Kaiser von Frankreich.

Oder nehmen Sie Bill Clinton! Ich kann seine politischen Fähigkeiten nicht beurteilen. Ich weiß auch nicht, was an den ihm zugeschriebenen Skandalen stimmt. Aber ich sehe, wie bei seinen Auftritten immer etwas von diesem selbstverständlichen Imponiergehabe eines Löwegeborenen präsent ist, und ich merke, wie gut er damit ankommt beim amerikanischen Volk und wo immer er in der Welt auftritt.

Schauen wir kurz auf einen weiteren Löwen, den Schweizer Psychoanalytiker C. G. Jung. Wenn man dieses Genie mit Sigmund Freud vergleicht – Jung war zunächst ein Anhänger Freuds, kehrte jedoch schon 1912 von dessen Lehre ab und begründete eine eigene tiefenpsychologische Richtung –, merkt man sofort den Unterschied zwischen einem bodenständigen Erdzeichen (Freud war Stier) und einem leidenschaftlichen Feuerzeichen (Jung).

Freud analysierte das Bewußtsein seiner Patienten, wie ich es sehe, ausgesprochen leidenschaftslos und kam dabei zu einer recht starren und begrenzten Sichtweise der Psyche, bei der sich, salopp formuliert, letzt-

Löwen können tagelang ruhen

endlich das menschliche Bewußtsein nicht wesentlich von dem eines Tieres unterscheidet, das von der Gesellschaft gezwungen worden ist, seine ursprünglichen Instinkte zu unterdrücken und in ein soziales Verhalten umzuwandeln. Im Gegensatz dazu sah der mehr spirituell orientierte Jung den Menschen als Erben eines göttlichen Kerns, den er das »kollektive Unbewußte« nannte. C. G. Jungs Absicht war es, mit Hilfe der Psychotherapie ein selbstverwirklichtes, stolzes Individuum hervorzubringen – aus astrologischer Sicht kann man sagen: einen Löwen, so wie er selbst einer war.

Am Ende unseres »Prominentenreigens« will ich noch einige Bonmots des irischen Dichters und Löwegeborenen George Bernard Shaw anführen, die in typischer Weise Denken und Handeln von Vertretern dieses Tierkreiszeichens widerspiegeln.

Shaw erhielt einst eine Einladung. Irgendeine wichtige Lady ließ ihm die Nachricht zukommen, daß sie jeden Donnerstag einen Jour fixe habe und von vier bis sechs Uhr zu Hause sei. Shaw sandte die Karte zurück mit dem Vermerk: »Mr. Shaw ebenfalls.«

Der Dichter schlug einmal einem Jungen, der eine Katze ärgerte, seinen Spazierstock aufs Hinterteil. Sein Begleiter rügte ihn: »Ich denke, Sie sind ein Gegner der Prügelstrafe.« – »Bin ich«, erwiderte dieser, »aber noch niemals habe ich behauptet, konsequent zu sein.«
Ein junger irischer Schriftsteller ahmte Shaw nach. Dem Dichter wurde geraten, dem Imitator Einhalt zu gebieten. Shaw sagte jedoch nur: »Soll ich einem Krüppel die Krücken wegnehmen?«
Wenn das alles so stimmt, existieren dann gar keine unglücklichen Löwen? Doch, die gibt es! Aber das sind keine Löwegeborenen, die ihr Potential nicht erhalten haben, sondern solche, die es irgendwann in ihrem Leben nicht angenommen haben.
So wie ich die Dinge sehe, kommt man als Löwe auf die Welt, weil Kräfte aus der zurückliegenden Zeit dies so bedingen. Es ist kein Zufall, ausgerechnet unter diesem Tierkreiszeichen geboren zu sein. Es handelt sich vielmehr um das Ergebnis der (unbewußten) Absicht des leiblichen Vaters und ist ein Resultat seiner Vergangenheit. Mit anderen Worten: Ein Löwe zu sein heißt, daß man vom Vater her dazu auserkoren ist, ein Sieger, ein »Star«, ein neues, aus sich heraus schaffendes Zentrum zu werden. Diese Tatsache ist unabhängig davon, wie sich der eigene Vater während der Erziehung verhielt. Hier geht es nicht um Psychologie und Sozialisation, die sich später abspielen, sondern um grundlegende, existentielle kosmische Prozesse. In dieser Hinsicht hat der Vater »alles« gegeben, was notwendig war.
Wer daher als Löwe nicht das Löwenhafte in sich selbst findet, hat es nicht angenommen, es schlummert immer noch unerlöst in ihm. Dies ist vielleicht deswegen so, weil man den Vater – oft zu Recht – wegen seiner Erziehungsmaßnahmen nicht akzeptieren und ihm daher auch sein existentielles Vermächtnis, nämlich dieses Leben gegeben zu haben, nicht danken kann.
Darum ist für Löwegeborene die Versöhnung mit dem Vater nicht nur ein Akt ethischer Notwendigkeit, sondern immer auch eine Voraussetzung dafür, glücklich und erfolgreich sein zu können.

Liebe, Sex UND PARTNERSCHAFT

Auch beim Thema Liebe eifert der Löwemensch seinem astrologischen Urahn, dem König der Tiere, nach: Liebe ist für ihn wie Jagd und Eroberung. Oder mit anderen Worten: Jemanden zu erobern ist viel spannender, als ihn zu »besitzen«.

Typische Löwen sind in der Regel unglaublich leidenschaftliche Liebhaber. In ihren Armen findet man Wollust pur, die Berührung ihrer Haut setzt eine Art Magnetismus frei, der einen immer tiefer sinken und nach mehr verlangen läßt. Löwen verströmen sozusagen einen ganz schwachen, leicht beißenden Duft, der Erinnerungen an die Urvergangenheit unserer Spezies weckt, in der wir alle noch hemmungslos und, weil eins mit dem Leben, unschuldig liebten.

Lust und Sinnlichkeit sind bei typischen Löwen genauso unerschöpflich wie alles an ihnen, sie lieben wie Champs, wie Weltmeister, wie Könige, wie Stars ... Muß sich daneben nicht jeder Vertreter eines anderen Tierkreiszeichens vorkommen wie eine kleine Maus? Ja! Aber das ist auch der Trick. Als »Maus« fährt man mit einem Löwen eindeutig am besten. Denn bei aller Leidenschaft, Triebhaftigkeit und Nähe zum »Tier« findet sich bei Löwen immer auch eine verspielte Note, ein schöpferisches Spiel, das, ginge es nach dem Löwen, nie enden sollte – so wie die Sonne ununterbrochen strahlt, so wie das Leben ständig gebiert und kreiert. Der Löwe ist eine Quelle unversiegbarer Lust am Spiel, und er hört nur auf, weil es zuweilen niemanden gibt, der mitmacht.

Wenn ich sage, daß man mit Löwen am besten als »Maus« zurechtkommt, so heißt dies gerade nicht, daß das Ende so traurig aussieht wie beim wirklichen, tragisch ausgehenden Spiel zwischen Katz und Maus. Es ist genau umgekehrt! Solange die »Mäuse« spielen, bleiben sie »am Leben«, das bedeutet: hält die Partnerschaft.

Das ist das Geheimnis, mit dem stolzen, imposanten Löwen auszukommen. Man muß mit ihm spielen, ihm immer wieder das Gefühl geben, daß man noch lebendig (und somit spielbereit) ist. Wie die Katze sofort ihr Interesse an der Maus verliert, wenn diese schlaff in ihren Fängen hängt, so erlahmt auch die Lust eines Löwen, wenn der andere nicht mehr spielt. Spiel ist für einen Löwen ein Zeichen für Leben-

digkeit, Autonomie, Freiheit und Selbständigkeit. Und all dies – und nur dies – weckt seine Lust, sein Interesse, seine Leidenschaft.
Aus dem bisher Gesagten ergibt sich quasi von selbst, daß kein Löwe damit Probleme haben wird, Anschluß zu finden. Er lenkt ja unwillkürlich die Blicke aller auf sich, wo immer er erscheint. Es ist, als ginge die Sonne auf: Natürlich schauen alle dahin. Klar, jeder will nahe bei einer Sonne sein. Das Erstaunliche ist, daß Löwen für ihre Beliebtheit scheinbar nicht viel zu tun brauchen, und oft werden sie von anderen darum beneidet: Sie hätten es gut, sie bekämen alles geschenkt …

Einen Löwen muß man einfach bewundern

Wenn Sie ein Löwe sind, wissen Sie es besser. Es geschieht nämlich nicht ganz von ungefähr. Löwen sind eben auch kolossal großzügig und hilfsbereit. Es gibt sicher noch andere typische Tierkreiszeichen, mit denen Hilfsbereitschaft assoziiert wird – Krebse, Fische oder Stiere zum Beispiel –, aber der Löwe bietet seine Unterstützung mit einer derartigen Herzenswärme an, daß man ihn einfach lieben muß.
Dazu kommt, daß er andere gern einlädt, für sie einkauft, sie bekocht und Geld für sie ausgibt. Das alles macht letzten Endes ihre Beliebtheit aus – und nicht allein, daß sie als Löwegeborene auf die Welt gekommen sind.
Ausnutzen lassen sich Löwen allerdings nicht. Menschen, die es sich auf ihre Kosten und Anstrengungen bequem machen wollen, haben bei ihnen ganz schnell verspielt, bekommen vielleicht weiterhin dann und wann ein freundliches Wort, aber nicht mehr ihr Herz – und das ist ein schmerzlicher Verlust.

DIE BEZIEHUNGS- UND BINDUNGSFÄHIGKEIT DER LÖWEN

Einen Löwen an seiner Seite zu haben ist natürlich das Größte. Löwen können hingehen, wo sie wollen, sie fallen fast immer auf. Nein, in den seltensten Fällen kommt der Löwe mit einem außergewöhnlichen, schrillen Outfit daher oder fährt mit einem Rolls-Royce vor. Das hat er doch nicht nötig! Er glänzt allein durch seine natürliche und selbstverständliche Würde, er fällt auf, weil er sich selbstsicher bewegt oder andere durch sein Lächeln in den Bann zieht.
Machen Sie einmal folgendes Experiment, wenn Sie einen Löwen oder eine Löwin kennen: Verabreden Sie sich mit ihm oder ihr in einem Restaurant während der späten Nachmittagsstunden. Es muß noch hell und genug Platz vorhanden sein, daß man jeden, der eintritt, auch sehen kann. Setzen Sie sich irgendwo in dieses Restaurant, und warten Sie auf Ihren Löwen. Sie können jede Wette eingehen: Wenn er durch die Tür schreitet, ist das ein Akzent für das ganze Restaurant. Irgendwie schaut jeder auf, und wenn es völlig unbewußt und nur für den Bruchteil einer Sekunde geschieht. Genau das gleiche geschieht in der Savanne, wenn die Sonne sinkt und der Löwe zum Wasser schreitet: Die Natur scheint zu erstarren.

Weil wir gerade von einer Verabredung sprechen: Wenn Sie einen Löwegeborenen zum Freund oder zur Freundin haben, dann richten Sie sich bitte auf lange Wartezeiten ein. Daß Löwen immer zu spät kommen, gehört zu ihrer (meistens wenigstens) unbewußten Strategie, Eindruck zu machen. Es sieht sie doch keiner, wenn sie die ersten sind.

Einmal abgesehen von diesen Wartezeiten, die sich im Lauf einer längeren Beziehung mit einem Löwen bestimmt auf Tage ansammeln, macht eine Beziehung mit dem Herrn bzw. der Herrin der Wüste einfach Spaß. Löwen haben das unbezahlbare Talent, selbst schwere Momente im Leben leichtzunehmen. In ihrer Nähe schmelzen Kummer und Sorgen, sie vertreiben böse Geister und haben ein Herz aus Gold; und wem sie das einmal schenken, der findet darin einen großen, warmen Platz. Gut, es dauert eine Weile, bis sie richtig ja sagen. Schließlich sind sie wilde Tiere, ein König, eine Königin. Aber auch Löwen sind Gott sei Dank bequem, und sie leben im Rudel. In der Wildnis bleiben nur böse und gefährliche Löwen allein – und das ist auch bei den Menschen so. Natürlich ist der Löwe eifersüchtig, aber nicht in dem Maß wie ein Skorpion oder Stier, die darunter leiden, daß ihnen jemand etwas wegnimmt. Der Löwe ist eher enttäuscht und reagiert mit Verachtung. Wie kann sein Partner ihm, dem Löwen, der Krönung der Schöpfung, jemand anderen vorziehen!

Damit sind wir bei einem nicht unerheblichen Nachteil oder Fehler von Löwen angelangt: Weil sie so von sich eingenommen sind, kann es ihr Ego meist dann tatsächlich nicht verkraften, wenn sie ein geliebter Partner im Stich läßt. In meiner langjährigen Praxis als Psychotherapeut und Astrologe habe ich es – wenn auch nur am Rande – dreimal miterlebt, daß Menschen infolge einer Trennung buchstäblich verrückt wurden: Alle drei waren Löwen.

Das eine müssen Herr und Frau Löwe lernen: Sie sind zwar ganz gewiß ein Goldschatz, aber auch ein Goldschatz ist unter Umständen »vergänglich«.

Noch etwas sollte man wissen, wenn man sich mit einem Löwen einläßt: Diese Beziehung kostet. Löwen sind anspruchsvoll. Sie wollen von allem das Bestmögliche – wohlverstanden: Best*mögliche*. Sie können nämlich auch mit einem kleinen Haushaltsgeld auskommen, wenn Not am Mann ist. Aber sie geben aus, was da ist. Sparen ist nun absolut kein Thema von Löwen.

Alles in allem, Löwen sind sehr beziehungs- und bindungsfähig. Sie schließen leicht Kontakte. Haben sie sich einmal für einen Partner entschieden, stehen sie auch uneingeschränkt zu ihm. Lesen Sie mehr darüber weiter unten im Kapitel »Über die Treue des Löwen ...«

SIND LÖWEN GUT IM BETT?

Das Liebesspiel mit einem typischen Löwen läuft meistens in drei Phasen oder Stufen ab. Am Anfang geht es ihm, wie weiter oben schon gesagt wurde, um Eroberung, darum, den anderen zu »bekommen«, von ihm zu hören, was für ein toller Löwe er ist, und schließlich mit seiner »Beute« in einem wilden Orgasmus zu verschmelzen – und dann dieses Liebesspiel bis zur Erschöpfung immer aufs neue zu wiederholen.

In der zweiten Phase hängt alles davon ab, wie spielerisch begabt sich der Partner zeigt. Es ist gleichgültig, was man spielt, das Eroberungs-, das Unterwerfungs-, das »Ich-bin-nicht-zu-haben-«, das Trennungsspiel. Auch Macht-und-Ohnmacht-Spiele, sogar leichte Sadomasonummern können den Löwen bei Laune halten, aber das Ganze muß kreativ sein und die Lust vergrößern. Für richtige Quälereien, gemeine Dominanzspiele oder irgendwelche schrägen Geschmacklosigkeiten hat ein selbstbewußter Löwe allerdings noch nie etwas übrig gehabt.

In der dritten Phase spielt sich beim Löwen eine erstaunliche Veränderung ab: Er hat Vertrauen gefunden, er fühlt sich sicher, er weiß, wo er hingehört, er liebt seinen Partner und natürlich auch seine Familie, so er eine hat. Und damit ist sein Liebesbedürfnis weitgehend gedeckt. Er fühlt sich glücklich und zufrieden, er schnurrt, er flirtet. Er braucht nicht mehr. Es ist keineswegs so, daß er nicht bereit wäre, weiterhin Sex zu haben. Aber es ist nicht mehr das Wichtigste. Er »tut es«, um seinem Partner vielleicht eine Freude zu bereiten. Ansonsten ruht der Löwe selbstgefällig und zufrieden und freut sich des Lebens, tauscht Zärtlichkeiten und Liebe aus, aber »tierischen« Sex, so wie am Anfang, gibt es höchstens in Ausnahmesituationen, nach einem tollen Fest etwa oder vielleicht, um dem Partner zu zeigen, daß man immer noch mithalten kann auf der freien Wildbahn.

ÜBER DIE TREUE DES LÖWEN ...

Untreue ist auch kein Thema. Wenn sich ein Löwe einmal für einen anderen Menschen entschieden hat, dann steht er zu 99 Prozent dazu. Eine kleine Unsicherheit bleibt allerdings, die hält die Liebe aufregend und lebendig. Sich jemandem voll und ganz zu schenken würde ein Löwe als Selbstaufgabe und Unterwerfung empfinden.
Aber er hat es nicht nötig, immer wieder Selbstbestätigung zu suchen. Er mißt sein Selbstwertgefühl nicht daran, mit wie vielen Menschen er im Bett war. Er braucht auch keinen anderen Partner, wenn der seinige sich einmal zurückzieht oder in einer Krise ist. Er ruht in sich, der Löwe. Und sollte ihm einmal ein anderer Mensch besser gefallen, dann ist das beinahe todsicher das Aus für die bisherige Beziehung, und genauso klar ist, daß sich der verlassene Partner etwas hat zuschulden kommen lassen.
So treu er selbst ist, so entschieden verachtet er die Untreue seines Partners. Er ist zwar – großzügig – bereit, einen solchen Fauxpas zu verzeihen, einmal, vielleicht zweimal, aber beim dritten Mal ist er weg, der Löwe: Warum sollte gerade er, ein Mensch, der sein Herz verschenkt, bei jemandem bleiben, der so leichtfertig damit umgeht?

SO HÄLT MAN LÖWEN BEI GUTER LAUNE

In jedem Löwen steckt ein »Lustobjekt«, das gesehen, bewundert, betastet und – das besonders – verschönert, verziert, gekrönt werden möchte. Liebe geht beim Löwen durch das Auge; will man ihm eine Freude machen, braucht man ihm nur etwas Schönes zu schenken. Klar, echt oder originell muß es schon sein. Lieber eine echte Rose als unechten Schmuck. Lieber eine individuelle Kleinigkeit als irgendeine langweilige Massenware, und sei sie noch so kostspielig.
Was läßt sich weiter für eines Löwen Glück und Zufriedenheit tun? Seien Sie offen und ehrlich. Wenn er etwas nicht ausstehen kann, dann Heimlichkeiten und Halbheiten. Er nimmt ja selbst auch kein Blatt vor den Mund. Zornige Löwen besänftigt man am ehesten, indem man wartet, bis sich die heißesten Emotionen gelegt haben. Man kann auch mit einer witzigen, charmanten Bemerkung nachhelfen. Bei allem natürlich vorausgesetzt, daß der Löwe nicht wirklich verletzt ist, denn

dann hilft kein Lächeln und kein Betteln; der Löwe grollt, und das kann auch schon mal »für immer« sein. Grundsätzlich aber ist der Löwe nicht nachtragend, er lacht, lebt und feiert viel zu gern, als daß er sich lange über etwas grämen würde.
Machen Sie Ihrem Löwen keine Vorhaltungen, wenn er seinem großen Herzen folgt und statt der nötigen zwei Pfund Brot acht einkauft, wenn er beim Essen immer die teuersten Gerichte mag, wenn er die zwei Häuserblocks mit dem Taxi fährt. In den allermeisten Fällen weiß er instinktiv, wieviel Geld er ausgeben kann. Und ich verrate Ihnen jetzt auch noch ein Geheimnis: Der Löwe lebt nach dem Grundsatz, daß um so mehr zurückkommt, je mehr man ausgibt. Und ich glaube, er hat recht. Knausrigkeit verjagt also nicht nur gutgelaunte Löwen, sondern auch Ihr eigenes Glück.

WIE GUT LÖWEN ALLEIN SEIN KÖNNEN

Natürlich ist ein Löwe nicht zum Leuchtturmwärter geboren, er verfügt auch nicht über die richtigen Voraussetzungen, um allein den Nordpol zu überqueren. Aber er kann solo leben, das ist gar keine Frage. Allerdings kommt das sehr selten vor. Dafür ist er zu beliebt, man sucht zu gern seine Nähe. Und es wäre auch schade, wenn dieser sonnige Mensch irgendwo allein auf dem Land lebte oder ohne Begleitung durch die Straßen einer Stadt zöge. Umgekehrt benötigt er ja auch andere Menschen, denn nur diese können ihm geben, was er so dringend braucht wie die Luft zum Atmen: Anerkennung, Lob, Bewunderung, Respekt ...
Das alles kann sich der Löwe nicht von Bäumen pflücken oder von süßen Hauskätzchen holen. Ich kenne eine Löwefrau, die fünf Hunde hat, alles reinrassige »Klasse«-Tiere. Ich treffe sie manchmal, wenn ich mit meinem Hund spazierengehe. Sie hat mir erzählt, daß sie seit Jahren mit ihren Hunden allein lebe: »Hunde«, meinte sie, »sind viel bessere Menschen!« Aber sie braucht die Menschen dennoch. Es ist keine Frage, daß sie just ihretwegen immer um die Mittagszeit mit ihren Hunden Gassi geht. Sie arbeitet nicht, sie könnte auch morgens oder am Nachmittag spazierengehen. Aber wer würde dann diese zierliche Löwin, stets im passenden Outfit gekleidet, mit ihren fünf Hunden, die verschiedenfarbige Halsbänder tragen, bewundern können?

DER LÖWEMANN AUF DEM PRÜFSTAND

Bereits seine Mutter hat ihn verhätschelt, und er geht daher ganz selbstverständlich immer davon aus, daß ihn jede Frau bewundert. Fühlt er sich beobachtet (und wer schaut nicht nach diesem Mann), spielt er sein Repertoire des soften, coolen, charmanten, witzigen, lässigen Helden. Aber eines ist auch ziemlich klar: Er hält sich für die Hauptfigur und zweifelt keine Sekunde ehrlich und ernsthaft daran, daß die Frau seinetwegen erschaffen wurde. Also machen Sie einen weiten Bogen um ihn, wenn Sie sich gerade einer feministischen Vereinigung angeschlossen haben.

Er ist der Herr und Meister. Das klingt alles furchtbar antiquiert und erinnert ein wenig an die Zeiten der Feudalherrschaft. Und da ist auch etwas dran: Löwen haben einen Stich ins Altmodische. Ein bißchen träumen sie von der guten alten Zeit mit Königin und König, einer Tafelrunde treuer Ritter und einem braven Volk, das vor ihnen auf den Knien liegt. Allerdings verkörpert der Löwemann dann auch die andere Seite der alten Schule: Er kümmert sich um seine Frau. Diesem Mann paßt es ebenso ohne weiteres ins Konzept, daß er arbeitet und Geld verdient, wobei seine Frau zu Hause bleibt und den Haushalt versorgt (wovon er selbst natürlich den wichtigsten Teil darstellt).

Letztlich ist es eine Geschmacksfrage, ob man ihn so nehmen kann, wie er ist, oder besser einen Bogen um ihn macht. Nur eines muß man wissen: Ändern kann man keinen Löwen. Dieser Mann ist dermaßen stur, inflexibel, von sich überzeugt, daß man eher die Welt dazu bekommt, andersherum um die Sonne zu laufen, als ihn oder seine Meinung zu ändern.

Kann man als Frau mit seiner Art umgehen, macht man jedoch eine erstaunliche Entdeckung: Er, der Stolze und Erhabene, der Pascha, Macho, Patriarch, Chauvi und Potenzprotz, ist ja dann doch ganz anders, er verehrt seine Frau und kuscht sogar vor ihr. Ich denke daher beim Löwemann gern an das Klischee vom italienischen Mann. Auch er spielt den Sexprotz und Helden, aber gegenüber seiner *mamma*, seiner Frau und sogar seinen Töchtern hat er kaum etwas zu melden.

Wen er am liebsten mag, dieser Mann? Einerseits natürlich Frauen, die so toll sind wie er selbst, Schönheiten, imposante Erscheinungen, Frauen mit Geld, Frauen mit Herkunft und solche mit Zukunft. Auf der anderen Seite liebt er aber auch richtig schüchterne Fräulein, Mauerblümchen, dann nämlich, wenn er spürt, daß er jemanden fördern

und aufbauen kann. Denn der Löwemann spielt auch schrecklich gern Mäzen und Sponsor, welche die wahre Größe ihres Schützlings sehen. Und es schmeichelt natürlich ebenfalls seinem Ego, wenn aus einem Mauerblümchen durch die Hilfe des Löwen dann schließlich eine Rose wird.
Seine Favoritin jedoch ist eine geistreiche Lady, ein Typ Lebenskünstlerin, eine Art Avantgardistin, ihrer Zeit voraus, ein bißchen weise – und *very, very special* …

Der Löwemann träumt von der guten alten Zeit – mit ihm als König

DIE LÖWEFRAU AUF DEM PRÜFSTAND

Natürlich ist die Löwefrau beim Liebesspiel kein süßes Häschen oder gar eine »dumme Gans«. Wozu sollte sie ein Lächeln aufsetzen, wenn ihr nicht danach zumute ist? Oder auf naiv machen, nur weil die Männerwelt nun mal auf derartige Wesen abzufahren scheint? Die Löwin sagt, was sie will, tut, wonach ihr zumute ist, und nimmt sich, was sie möchte – und damit basta! »Zurückhaltung, Bescheidenheit, Schamgefühl« kommen in ihrem Wortschatz kaum vor, genausowenig wie etwa »Falschheit oder Heuchelei«.
Schon als kleines Mädchen war sie die Prinzessin, spielte mit dem Papa, der sie verwöhnte und bewunderte. Mit der Mama stand sie meistens auf Kriegsfuß, denn sie war überzeugt davon, daß sie für ihren Papa eine viel bessere Frau wäre. Je älter sie wird, um so selbstverständlicher lebt sie nach dem Motto einer Löwin, das da lautet: »Kommen, sehen, siegen!« Dabei ist ihr ihre eigene Wirkung in 99 von 100 Fällen überhaupt nicht richtig bewußt. Genau das macht aber ihren Reiz aus: Eine Löwin, die weiß, daß sie attraktiv und etwas Besonderes ist, gerät immer an den Rand ihres eigenen Schattens, in den Bereich von Arroganz und Überheblichkeit.
In aller Regel hat sie sehr früh einen Freund – oder einen Hauptfreund und mehrere Nebenfreunde. Zu eng sollte es nicht werden, solange sie jung ist, denn sie ist eine extrem freiheitsliebende Frau, die sich schwer zu dauerhaften Bindungen mit Ewigkeitswert entschließen mag. Am Anfang einer gemeinsamen Beziehung oder Ehe stehen daher auch immer die Koffer noch auf Abruf. Tatsächlich kann eine Löwin innerhalb von einer halben Stunde ihre Siebensachen packen und auf Nimmerwiedersehen verschwinden.
Eine Löwin gewinnt man, indem man sie mit ihren eigenen Waffen schlägt: Ihr Partner muß sich als freiheitsliebender, bindungsscheuer, unabhängiger Mensch präsentieren. Denn genau wie der Löwemann ist auch die Löwefrau eher daran interessiert, Beute zu *machen*, als jemanden zu *»besitzen«*. Oder wie wir zuvor einmal – bildlich gesprochen – gesagt haben: Das Interesse der Katze an der Maus hält sich, solange letztere »lebendig« ist, sich bewegt und noch davonlaufen kann. Genauso wie die beiden anderen Feuerladys Widder und Schütze ist auch die Löwin sehr stark, sozusagen die Amazone unter den Frauen. Sie steht jederzeit ihren Mann, ist praktisch begabt und in technischen Belangen – angeblichen Männerdomänen – fit. Ich sage das alles, um

ihren Partner richtig auf sie einzustimmen: Dieser Frau imponiert man nicht, weil man einen Sportwagen fährt oder im Internet surfen kann. Ebenso läßt sie sich nicht durch Geld und Karriere blenden, denn all dies schafft sie auch selbst, wenn sie will. Ihr Mann und Darling muß ihr Herz berühren. Ein bißchen naiv darf er sein, und etwas Besonderes muß er ausstrahlen. Er darf vor allem eines nicht sein: ein Otto Normalverbraucher, ein Mann von der Stange. Daß ihr Freund exzentrisch, sogar etwas verrückt ist, das macht die Löwin schwach.

UND SO KLAPPT'S MIT ALLEN ANDEREN

Im folgenden wird das Beziehungsspiel zwischen dem Löwen und den zwölf möglichen Partnern des Tierkreises durchleuchtet. Dazu muß etwas Grundsätzliches gesagt werden: Es gibt keine Kombination, die unmöglich ist. Mit anderen Worten, wenn Sie ein Löwe sind, können Sie mit allen, egal, ob Widder, Waage oder Krebs. Allerdings verlangt jede Partnerschaft einen bestimmten Preis. Bei manchen Kombinationen heißt der Preis Ruhe oder Entspannung, bei anderen braucht man vielleicht mehr Zeit. Auch ist es von Fall zu Fall möglich, daß man mit einem bestimmten Partner in eine Krise gerät und dann etwas unternehmen muß, um die Krise gemeinsam zu bewältigen. Es gibt keine Kombination, die nur positiv ist. Es gibt allerdings solche, die bequemer sind als andere. Wer aber will entscheiden, ob Bequemlichkeit in jedem Fall ein erstrebenswertes Gut ist?

Löwe UND WIDDER

Der Löwe ist eines der wenigen Tierkreiszeichen, denen sich der Widder unterordnen kann. Sicher kommt es trotzdem gelegentlich zu heftigstem Macht- und Rivalitätsgerangel, aber im großen und ganzen kriegen die zwei eine gemeinsame Liebe ganz gut geregelt, und dies, obwohl sie beide den Feuerzeichen angehören und man eigentlich erwarten würde, beide würden sich bis zum Gehtnichtmehr fetzen. Lust, Sinnlichkeit, Erotik, Genuß spielen in dieser Beziehung eine überaus wichtige Rolle. Ein wenig besteht sogar die Gefahr, daß diese Partnerschaft schnöden Alltagsproblemen gegenüber schlecht gerüstet ist, denn sie leben und lieben nun einmal lieber, als zu arbeiten. Auch beansprucht diese Partnerschaft ein bestimmtes Quantum an Luxus. Wird es eng, fehlt es an Geld und freier Zeit, verliert die Beziehung oft ihren strahlenden Glanz, und man fängt an, sich gegenseitig mit Kleinigkeiten zu piesacken. Häufig ist es dann das erste Kind, das den beiden die Kraft verleiht, Alltag und Lust, Liebe und Pflicht miteinander zu verbinden.

Löwe UND STIER

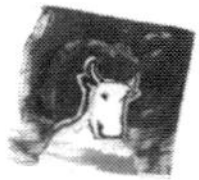

Ähnlicher und zugleich unterschiedlicher als typische Vertreter dieser beiden Tierkreiszeichen können zwei Menschen nicht sein. Zwar wollen beide das Leben genießen, mit jeder Faser ihres Seins, mit sämtlichen Sinnen, mit allem, was es bietet. Aber der Stier findet seinen höchsten Genuß im Erwerben, Behalten und Vermehren. Den Löwen hingegen macht nichts mehr an, als wenn er seinen Reichtum ausgeben und auf großem Fuß leben kann. Der Löwe ist des weiteren davon überzeugt, daß der Energie- und damit auch der Geldstrom um so reichhaltiger in die eigene Richtung fließt, je mehr man auch von sich gibt. Der Stier sieht das ganz anders: Er trachtet danach, möglichst wenig zu geben und soviel als möglich zu nehmen. Auch beim Thema Sicherheit ist man ganz unterschiedlicher Auffassung. Der Löwe ist ein Rudeltier und fühlt sich sicher, wenn das Leben auf verschiedene Schultern verteilt ist. Seine Lebensphilosophie: Wenn man hat, gibt man; dafür bekommt man, wenn man darbt. Ganz anders der Stier, der, zwar ein Herdentier, sich die Sicherheit jedoch immer selbst schaffen will und daher sagt: Sammle, wenn du hast, dann ist auch in kargen Zeiten genug vorhanden. – Die erotische Anziehung zwischen beiden ist kolossal. Mit ihrer Sinnenlust können sie Tage und Nächte miteinander verbringen, ohne zu ermüden. Bestünde das Leben nur aus Eros, es gäbe kein besseres Paar. Aber sobald es um Absprachen und lebenspraktische Gemeinsamkeiten geht, prallen die Unterschiede aufeinander und können, wenn man nicht aufpaßt, mit der Zeit die Liebe zerstören.

Löwe UND ZWILLINGE

Löwen sind selbstbewußt und lieben sich, wie sie eben sind. Neben ihnen haben Zwillinge von vornherein schlechtere Karten. Bewußt oder unbewußt spüren sie die Überlegenheit des anderen. Manche Zwillinge können damit prima leben, denn sie haben einen Partner gefunden, auf den sie stolz sind, den sie vergöttern und auf Händen tragen. Kann man mit Löwen nicht wunderbar ausgehen, und wird man nicht überall bewundert? Im Glanz von Löwen können sich auch Zwillinge sonnen. Es gibt jedoch Zwillinge, die den Löwen ihre Größe verübeln und offen oder heimlich mit ihnen rivalisieren. Dann ist das Klima vergiftet. Nur ein offenes Gespräch – eventuell auch mit Unterstützung eines Beraters – kann hier Abhilfe schaffen. Letztendlich wird es dabei darum gehen, daß der Zwillingepartner es annehmen kann, neben einem derartig selbstbewußten Menschen zu leben, aber genauso, daß der Löwe sich vor allzuviel Selbstgefälligkeit hütet.

Löwe UND KREBS

Die Sonne ist ein Sinnbild des Löwen, der Mond ist wiederum im Krebszeichen zu Hause. Und so, wie Sonne und Mond »zusammengehören«, so sind auch Vertreter der Tierkreiszeichen Löwe und Krebs ein besonderes Paar: Sie ergänzen sich, aber weniger infolge ihrer Gemeinsamkeiten als vielmehr durch ihr Anderssein. Der Löwe ist extravertiert, geht gern aus, zeigt sich, lebt auf großem Fuß. Der Krebs hingegen ist introvertiert, bleibt lieber zu Hause und beschäftigt sich am liebsten mit seinem Innenleben. Soweit der männliche Teil dieser Beziehung der Löwe ist und der weibliche der Krebs, steht der Gründung einer Familie im herkömmlichen Sinne in aller Regel nichts im Wege. Löwemann, Krebsfrau und ein oder auch mehrere Kinder entsprechen dem Urbild der Familie, aus dem alle Beteiligten große Kraft schöpfen können. Problematischer wird das Ganze, wenn die Zeichen den Geschlechtern umgekehrt zugeordnet sind: Es kommt zu Spannungen und Mißverständnissen, bei denen das Wissen um die astrologische »Herkunft« allerdings sehr hilfreich sein kann.

Löwe UND LÖWE

Ich kenne mehrere Beziehungen und Partnerschaften mit dieser Kombination. Es scheint, daß sich Löwen gegenseitig anziehen und bevorzugen. Allerdings setzt eine derartige Partnerschaft auch voraus, daß jeder dem anderen eine Vormachtstellung (sozusagen das Geburtsrecht eines jeden Löwen) einräumt. Umgekehrt ist diese Beziehung ein einziges Machtgerangel, wenn einer der beiden – meistens ist es der Mann – sich als Oberhaupt fühlt und auch so aufführt. Ich kenne zum Beispiel ein Schauspielerehepaar mit dieser Kombination, deren Partnerschaft funktioniert. Beide holen sich auf der Bühne, was sie als Löwen brauchen: nämlich Erfolg. Zu Hause hat jeder sein Reich, und wenn sie zusammenkommen, fühlt sich keiner dem anderen über- oder unterlegen. Es ist eine wirklich starke und liebevolle Beziehung, und es scheint, daß jeder einzelne von der Stärke des anderen zusätzlich profitiert. Ich kenne allerdings auch zwei Löwen, die sich seit Jahren gegenseitig bekriegen und sich dermaßen ineinander verbissen haben, daß sie sich nicht einmal mehr trennen können, weil keiner dem anderen diese Genugtuung gönnt …

Löwe UND JUNGFRAU

Auf der einen Seite kann es überhaupt keine Frage sein, daß der Löwe in dieser Beziehung der Stärkere sein wird. Er ist wie das Zentrum, die Sonne, die Jungfrau hingegen wie ein Planet, der ihn umkreist. Das führt häufig dazu, daß die Jungfrau sich unterlegen wähnt und Löwen daher aus dem Weg geht. Von einer anderen Warte aus betrachtet, fühlt sich allerdings auch die Jungfrau dem Löwen überlegen, und zwar deswegen, weil sie im Tierkreis dem Löwen folgt, also eine Zeichenposition »weiter« ist. Tatsächlich verhält es sich so, daß die Lektionen, die beim Löweprinzip noch gelernt werden müssen, bei der Jungfrau unbewußt als Erfahrungen bereits vorhanden sind. Die Jungfrau kennt sozusagen schon den Abend, während der Löwe noch voll und ganz den Tag genießt. Das führt natürlich leicht dazu, daß erstere versucht, letzterem auch den Tag zu vermiesen: Sie nörgelt, sie weiß alles besser – und meistens hat sie auch noch recht. Wenn der Löwe zu seiner Stärke steht, ohne grob und überheblich zu werden, und die Jungfrau sich ihrerseits weise genug verhält und ihren »Vorsprung« nicht dazu mißbraucht, die Lebendigkeit des anderen zu zensieren, ist diese Partnerschaft von Dauer und positiv. In einem solchen Fall vereinigen sich in der Beziehung Kraft und Klugheit, Liebe und Vernunft, Herz und Verstand.

Löwe UND WAAGE

Diese Beziehung ist fast zu schön, um wahr zu sein. Denn beide, sowohl der Löwe als auch die Waage, sind schon allein besondere Menschen, die sich selbst überaus wichtig nehmen und gern bewundern lassen. Kommen sie nun zusammen, verdoppeln sich natürlich sämtliche Besonderheiten. Im günstigsten Fall entsteht daraus ein Paar, das gemeinsam auf der Bühne steht, große Empfänge gibt, ein Heer von Freunden hat, in einem großen Landhaus wohnt ... Im ungünstigsten Fall leben zwei Menschen zusammen, die sich argwöhnisch und eifersüchtig beäugen, damit der andere ja nie besser wegkommt als man selbst. Bestimmt ist die Wohnung dieses Paares ein Traum. Garantiert sind ihre Kinder lauter süße Wonneproppen. Keine Frage, jedermann fühlt sich bei ihnen wie zu Hause und wird großzügig verwöhnt. Doch es besteht auch die Gefahr, daß dieses Paar zuviel Energie auf sein äußeres Erscheinungsbild verwendet – dabei aber zuwenig auf die innere Dynamik eingeht. Und dies kann zur Folge haben, daß die Zeit, in der sie zu zweit allein sind, zu einer Ödnis der Langeweile ausartet.

Löwe UND SKORPION

Es besteht eine ungewöhnlich starke Anziehungskraft zwischen Vertretern dieser zwei Tierkreiszeichen: Beide sind überaus erotische und leidenschaftliche Menschen, und die Zeit des Verliebtseins ineinander gehört wahrscheinlich zu den Höhepunkten im Liebesleben eines Löwen. Eine Partnerschaft steht dann allerdings auf einem ganz anderen Blatt. Denn die beiden Menschen sind so unterschiedlich wie Tag und Nacht, Licht und Schatten. Ganz tief in ihrem Unterbewußtsein spiegeln sie sogar die Polarität zwischen Leben und Tod. Das führt zu einer extremen Spannung, zu großer gegenseitiger Achtung, aber auch zu immenser Angst. Vergessen die zwei ihren Respekt voreinander oder verdrängen sie ihre Angst, ist die Partnerschaft ein einziger Machtkampf: zwei Sturköpfe, zwei Hardliner, die sich das Leben schwermachen und auch vor Bosheiten und Gemeinheiten nicht zurückschrecken. Einen Sieger gibt es in solcherart gelebter Zweisamkeit nie, sie endet immer remis oder im schlimmsten Fall für beide ruinös. Positiv umgesetzt, verhilft diese Beziehung allerdings dem Löwen, seine Motive zu hinterfragen. Dadurch wird er noch stärker. Für einen Skorpion wiederum ist die Nähe eines Löwen ausgesprochen wohltuend, wärmend und beruhigend.

Löwe UND SCHÜTZE

Sie gehören beide zum gleichen »Clan« bzw. Element, nämlich dem des Feuers. Das macht sie einander sehr ähnlich: Sie sind feurige, leidenschaftliche, lebendige, aktive, unternehmungsfreudige, extravertierte Wesen. Beide sind sich ebenbürtig. Der Löwe ist zwar selbstbewußter und selbstsicherer als der Schütze, dieser wiederum fühlt sich dem Löwen aber insofern überlegen, als er viel weiter im Tierkreis fortgeschritten ist und das, was der Löwe in diesem Leben gerade erfährt, bereits als Erfahrung in sich trägt. Man ergänzt sich, und man versteht sich also. Woran es allerdings dieser Beziehung fehlt, ist das Polarisierende und Andersgeartete. Mit anderen Worten, beide Menschen sonnen sich im eigenen und im Glanz des anderen und versuchen, sich in der Kunst des guten und erfolgreichen Lebens möglichst zu überbieten. Aber es fehlt der Widerspruch und damit die Spannung, die eine Partnerschaft auf Dauer lebendig hält. Daher sollte man in dieser Beziehung nicht auch noch bestehende kleine Unterschiede und Spannungen großzügig überspielen, sondern den Zeigefinger darauf legen und sie aufarbeiten.

Löwe UND STEINBOCK

Damit Vertreter dieser beiden Tierkreiszeichen zueinanderfinden, müssen viele Hürden genommen und Hindernisse aus dem Weg geräumt werden: Der Löwe ist ein Mensch, der aus dem Augenblick heraus lebt, das Dasein nimmt, wie es kommt, und versucht, das Beste daraus zu machen. Der Steinbock geht ganz anders vor. Er kann beispielsweise heute verzichten, um dafür morgen davon zu profitieren – eine für den Löwen unsinnige Philosophie. Des weiteren geht ein Löwe grundsätzlich den leichten, bequemen und schönen Weg, während ein Steinbock die Erfahrung gemacht hat, daß der bequeme Weg nicht unbedingt auch der bessere ist. Er, der Steinbock, setzt insbesondere dann auf Hartnäckigkeit und Ausdauer, wenn es um Karriere und Erfolg geht. In puncto Sparsamkeit haben beide Zeichen ebenfalls völlig unterschiedliche Meinungen. Und sogar beim Quantum Liebe und Zärtlichkeit bestehen verschiedene Maße: Der Löwe lebt nach der Überzeugung: »Je mehr, um so besser!« Der Steinbock argwöhnt, daß zuviel Zuwendung den Charakter schwächen könnte. Ein bißchen erinnert diese Kombinationen an das Märchen von der Grille und der Ameise. Die singende und das Leben genießende Grille entspricht natürlich dem Löwen, die arbeitswütige Ameise dem Steinbock. Allerdings wird im »richtigen Leben« nicht unbedingt die »Ameise« frohlocken. In einer Partnerschaft aus Steinbock und Löwe kann ewig darum gerungen werden, wessen Lebensweg denn nun der bessere sei.

Löwe UND WASSERMANN

Wassermann und Löwe liegen sich im Tierkreis genau gegenüber. Damit besteht zwischen den beiden Tierkreiszeichen einerseits der größte Unterschied, andererseits die stärkste Anziehung. Der Löwe ist selbstbewußt, ichbezogen und lebt nach seinem Herzen. Der Wassermann orientiert sich an seinen Vorstellungen und kreiert dazu passende Stimmungen. Der Löwe fühlt sich als König, als archaische Führerfigur, der Wassermann sieht sich gleichgestellt mit all jenen, die so sind wie er. Begegnen sich Wassermann und Löwe, dann findet der Wassermann sein Herz und seine Natürlichkeit. Der Löwe wiederum verliert auf charmante Art und Weise zwar seinen Hofstaat, erhält dafür einen Freund. Beide können zusammen wunderbar leben, lieben und Karriere machen. Beide besitzen auch ein großes Maß an Toleranz und können so das Gefühl von gegenseitiger Gängelei vermeiden. Das erspart ihnen natürlich nicht die Eifersucht, aber instinktiv wissen beide auch, daß sie jeweils der Idealtyp des anderen sind.

Löwe UND FISCHE

Der Löwe ist das fünfte Zeichen im Tierkreis, die Fische sind das zwölfte und letzte. Tatsächlich erlebt sich der Löwe in der Mitte des Lebens, das er in vollen Zügen zu genießen sucht. Wohin sein Erdendasein führt, interessiert ihn wenig, das heißt, er entwickelt aus seiner bejahenden Grundeinstellung heraus nur positive und glückliche Lebensziele. Der Fischegeborene hingegen kennt das Leben, er weiß in seiner tiefsten Seele, daß alles letztlich dahingehend ausgerichtet ist loszulassen. Er gleicht daher ein wenig dem Mönch, der dem Weltlichen entsagt, während der Löwe dem Kaufmann bzw. Lebemann ähnelt. Trotz dieses kolossalen Unterschiedes – oder vielleicht auch gerade deswegen – ziehen sich Vertreter dieser beiden Tierkreiszeichen ungeheuer stark an und führen häufig eine erfüllende und fröhliche Partnerschaft. Beide sind nämlich auch sehr tolerant und großzügig und können den anderen so lassen, wie er eben ist.

Gesundheit UND FITNESS

In der astrologischen Medizin ordnet man jedem Tierkreiszeichen andere Körperregionen, physiologische und psychologische Funktionsweisen und entsprechende Krankheitsdispositionen zu. Dies bedeutet, es bestehen verschiedene Neigungen zu unterschiedlichen Störungen und Erkrankungen; das heißt aber noch lange nicht, daß bei jedem Tierkreiszeichen auch tatsächlich die ihm im folgenden zugeordneten Krankheiten auftreten werden.

Körperliche Entsprechungen Herz, Kreislauf
Psychologische Entsprechungen Selbstgewißheit, Natürlichkeit, Ausstrahlung, Kreativität, Ausdruck
Krankheitsdispositionen Herzbeschwerden, Herzneurose, Angina pectoris, Kreislaufprobleme

TYPISCHE KRANKHEITEN DER LÖWEN

Löwen neigen zu den verschiedensten Beschwerden im Zusammenhang mit Herz, Blutdruck und Kreislauf. Damit Sie die Logik, die hinter diesen Zuordnungen steckt, und die psychosomatischen Ursachen der Symptome besser kennenlernen können, seien hier zunächst vier wichtige und häufige Probleme von Löwemenschen beschrieben.

Angina pectoris – das stolze Herz

Der Herzmuskel wird von Herzkranzgefäßen mit Blut versorgt. Bei der Angina pectoris geschieht diese Versorgung nur unzureichend. Die Ursache sind in aller Regel Herzkranzgefäßverengungen oder -verhärtungen. Damit drückt schon die Sprache aus, worum es bei dieser Symptomatik geht: Dem Herz ist es hart und eng geworden, es fühlt sich isoliert und abgetrennt.

Die Herzkranzgefäße symbolisieren die soziale Umgebung des Menschen. Mit anderen Worten drückt die Angina pectoris aus, daß der

Zu jedem Tierkreiszeichen gehören bestimmte Organe und Malaisen

Fluß der Liebe zwischen dem Löwen und seinen Mitmenschen ins Stocken geraten ist.
Löwemenschen mit Herzbeschwerden, nervösem Herzen, psychosomatischen Herzproblemen, Herzneurose oder Angina pectoris sollten sich in ihrem inneren Dialog mit folgenden Fragen auseinandersetzen:

- Was veranlaßt mich, mein Herz abzukapseln und mich zu verschließen?
- Besteht zwischen meiner Umwelt und mir ein nährender, liebevoller Strom?
- Wie verletzbar bin ich wirklich?
- Wovor habe ich tatsächlich Angst?

Das empfindsame Herz

Es gibt Menschen, die bei jedem lauten Wort oder einem etwas stärkeren Gefühl an ihr Herz greifen, die Augen schließen und tief atmen. Sie drücken damit ihre große Empfindsamkeit und Anteilnahme aus. Alles geht ihnen direkt ans Herz, und alles muß auch mit dem Herzen verarbeitet werden.
Diese Menschen leiden unter einer zur Angina pectoris genau entgegengesetzten Symptomatik. Ihr Herz bzw. ihre Herzkranzgefäße werden von zuviel Blut durchströmt, sie werden von Gefühlen regelrecht überschwemmt und können sich schlecht schützen. Menschen mit einem überempfindlichen Herzen müssen etwa den Prozeß der Abnabelung von den Eltern nachvollziehen und lernen, daß sie sich nur dann schützen können, wenn sie sich als eigenes, sich selbst regulierendes »System« begreifen.

Das »verrückte« Herz

Ein Herz, das plötzlich aus dem Takt springt, ist oft eine Folge des Versuchs der Seele, »aus der Reihe zu tanzen«, Freiheit zu verwirklichen. Wenn schon das Leben keinen Platz für einen Sprung läßt, muß dann nicht das Herz als emotionales Zentrum aus der Reihe tanzen? So betrachtet kann sogar der Herzinfarkt, eine der größten Bedrohungen der menschlichen Existenz, ein letzter, gewaltiger Sprung aus der Disziplin und der Formatierung darstellen, denen man unterworfen ist.

Hypotonie – zuwenig Druck

Menschen mit einem niedrigen Blutdruck kommen buchstäblich morgens nicht aus dem Bett. Sie denken, daß alle Anstrengungen vergeblich sind und sie sich ohnehin schonen müssen.
Hinter dieser Symptomatik kann sich ein Protest verbergen: Das Löweherz, das zu etwas gezwungen wird, was ihm nicht liegt, glaubt, sich nicht mehr anders zur Wehr setzen zu können.
Löwen mit einem niedrigen Blutdruck sollten sich in ihrem inneren Dialog fragen:

- Wogegen wehre ich mich?
- Was bedrängt mich?
- Wogegen protestiert mein Herz?
- Was genau macht mir dermaßen angst?

WIE LÖWEN GESUND BLEIBEN

Löwemenschen tragen in ihrem Innersten den Archetypus des Königs. Daraus resultieren ihre Selbstgewißheit und ihre Sicherheit. Des weiteren sind sie mit der Sonne verbunden. Daraus schöpfen sie ihre Kraft und ihre Großzügigkeit. Diese ihre besondere Veranlagung führt zu gewissen Ansprüchen. Löwen brauchen das Gefühl, wichtig zu sein, und ohne Anerkennung und Liebe von ihren Mitmenschen können sie krank werden. Die besten vorbeugenden Maßnahmen für einen Löwen sind daher ein Beruf, der Freude bereitet, und eine liebevolle Partnerschaft. Macht sich das Herz bemerkbar, bedeutet dies stets, daß der natürliche Energiefluß zu den Mitmenschen blockiert ist. Deshalb muß man immer auch derartige Probleme lösen, will man wirklich gesund werden.

Den Blutdruck anregen

Abweichungen vom normalen Blutdruck sollten grundsätzlich von einem Arzt überwacht werden. Die nachstehende Übung und die Anregung sind jedoch wertvolle unterstützende Maßnahmen. Sie beruhen auf Untersuchungen, bei denen festgestellt wurde, daß der Blutdruck allein durch geeignete Vorstellungen erhöht werden kann.

Mars, der Powerplanet, verleiht Fitneß und Kraft

Bei niedrigem Blutdruck sollte folgende Übung jeden Morgen vor dem Aufstehen gemacht werden:

Übung: Man läßt den Körper in seinem entspannten Zustand des Schlafs. In der Phantasie nimmt man jedoch die nächsten Minuten des Aufstehens vorweg: Man versucht sich vorzustellen, wie man sich genüßlich, kräftig und vital aus dem Bett erhebt, sich streckt und dehnt und dann mit festem und dennoch federndem Schritt ins Badezimmer geht. – Es ist wichtig, daß man sich bei dieser Übung innerlich sehr wohl fühlt. Sie ist sofort abzubrechen, wenn Nervosität oder Ängstlichkeit auftreten sollten.

Auch der Bohnenkaffee wirkt blutdruckhebend. Allerdings soll man dieses altbewährte Stärkungsmittel nicht bereits morgens, sondern erst nach dem Mittagessen trinken. Und die zweite Regel für diesen köstlichen Energiespender lautet: Nehmen Sie niemals mehr als eine Tasse pro Tag.

DIE APOTHEKE DER NATUR

Im August sammelt man Rosmarinblätter. Diese wohlriechende immergrüne Heilpflanze, die auch als ein Standardküchengewürz zählt, fehlt kaum in einem natürlichen Anregungsmittel. Es gibt Rosmarinweine und -tees, die alle zur Stärkung des Herzens eingenommen werden. Ebenfalls anregend und stärkend wirkt Weißdorn. Die aus den frisch gereiften Früchten hergestellte Essenz wird bei Herzschwäche infolge akuter Krankheiten, bei Herzklopfen, Angina pectoris, Gemütsverstimmung und Erschöpfung empfohlen. Auch Frauenmantel und Ehrenpreis sollten jetzt gesammelt werden. Beides sind Heilpflanzen, die das Herz stärken. Wer die Pflanzen selbst pflückt, sollte darauf achten, daß alle Kräuter, die dem Herz zugute kommen sollen, in den zwei bis drei Tagen zu sammeln sind, in denen der Mond im Tierkreiszeichen Löwe steht.

DIE RICHTIGE DIÄT FÜR LÖWEN

Es mag nur meine Erfahrung sein, aber solange ich darüber keine Statistik kenne, bin ich darauf angewiesen: Ich weiß von keinem wirklich »fetten« Löwen. Ich glaube, die Vertreter dieses Tierkreiszeichens lieben sich selbst viel zu sehr, um sich dermaßen gehenzulassen und überproportional Pfunde anzusetzen. Und ich glaube ernsthaft, daß ein gepolsterter Löwe ein ernstes Alarmzeichen von sich gibt: Hier wird jemand sehr schlecht behandelt!

Von daher erübrigt es sich beinah, eine spezielle Diät für Löwen anzugeben, zumindest wenn man dabei an den Wunsch denkt, Übergewicht zu verlieren. Allerdings lieben Löwen sehr wohl eine Diät, bei der sie schöner werden.

Ihr »Futter« sollte möglichst frisch geerntet und schonend gekocht sein, damit Vitamine und Spurenelemente erhalten bleiben. Beliebt ist auch die »kalte Küche«: Salate und belegte Vollkornbrote. An Fleisch sollte gespart werden, genauso an Zucker. Und hier wäre nun sehr wohl ein Problem: Löwen naschen für ihr Leben gern und verpfuschen sich so ihren ansonsten gesunden Lebensstil. Daher, wenn überhaupt eine Diät, dann bitte eine ohne Sweeties, Gummibärchen, Schokoriegel, Cookies und dergleichen mehr.

Beruf
UND KARRIERE

KEINE KOMPROMISSE

Löwen bekommen immer, was sie wollen – und zwar mehr oder weniger ihr ganzes Leben lang: zuerst die richtige Schule, dann die passende Ausbildung, zum Schluß einen tollen Beruf. Dabei sind sie weder extrem ehrgeizig, noch haben sie eine übertrieben fanatische Arbeitsmoral. Schon gar nicht erreichen sie ihr Ziel durch miese Machenschaften. Ihr Geheimnis klingt sehr einfach: Sie sind von sich selbst überzeugt – und zeigen das auch. Kein anderes Tierkreiszeichen geht so widerstrebend Kompromisse ein wie Löwen: Wenn ihnen etwas nicht gefällt, dann wird das auch nichts. Mit anderen Worten: Wenn Sie ein Löwe sind und Ihren Job nur mit halbem Herzen ausführen, werden Sie immer nur die Hälfte des Möglichen herausholen. Sicher, wenn es sein muß, langen Sie zu, aber niemals mit der Kraft, Liebe und Kreativität, die in Ihnen steckt.

Ich erinnere mich zum Beispiel an eine Löwin, die zu mir in eine Astroberatung kam, weil sie mit ihrem Studium unglücklich war. Sie hatte sich mit Begeisterung in das Fach Psychologie gestürzt und stellte nun – nach drei Semestern – fest, daß ihr dieses Studium nicht mehr gefiel. Ihre Eltern waren entsetzt, alle waren schockiert, weil sie zuvor schon einmal ein Studium in den Sand gesetzt hatte. Ich riet ihr, es zu beenden. Sie tat es aber trotzdem nicht. Und? Die Dame arbeitet heute beim Fernsehen, ist glücklich und mit ihrer Sendung – ein Kinderprogramm – sehr erfolgreich. Treffen wir uns gelegentlich, zieht sie mich auf und sagt: »Ich hatte recht damals!« Und ich antworte: »Ja, Löwen haben immer recht!«

Ich rate heute keinem Löwegeborenen mehr, etwas zu tun, wovon er nicht hundertprozentig überzeugt ist. Es hat keinen Sinn. Früher oder später macht er doch, was er will.

Zum Beispiel Patricia: Sie entschied sich nach dem Abitur, Lehrerin zu werden. Unmittelbar vor dem Examen brach sie jedoch ihr Studium ab. Sie konnte nachts nicht mehr schlafen, und es wurde ihr richtiggehend übel, wenn sie daran dachte, dereinst vor einer Klasse stehen zu müssen.

Sie lernte einen Künstler kennen, den sie über ein Jahr lang auf seinen Ausstellungen begleitete. Sie war sozusagen seine Geliebte, Managerin und Mama. Die Beziehung ging in die Brüche, aber Patricia hatte durch diese Begegnung entdeckt, daß auch sie große Lust hatte, künstlerisch tätig zu sein. Sie schaffte die Aufnahmeprüfung für eine Kunstakademie, blieb jedoch nur kurze Zeit auf der Schule: Sie empfand einen Professor als kleinlich und inkompetent.

Nun jobbte sie einige Jahre in Bars und Diskotheken. Dann – sie war inzwischen schon fast dreißig – lernte sie jemanden kennen, der sie in eine Tanzschule mitnahm. Wieder war sie Feuer und Flamme und begann, Jazzdance und Ballett zu lernen. Diesmal hatte sie etwas gefunden, wofür ihr Herz länger schlug. Sie tanzte an manchen Tagen zehn Stunden lang, war wie besessen und dachte an nichts anderes mehr. Nach fünf Jahren stellte sie eine eigene Tanzgruppe zusammen, choreographierte Stücke und brachte sie immerhin auf kleineren Bühnen zur Aufführung. Sie bekam gute Kritiken, merkte aber auch, daß sie, um groß als Choreographin herauszukommen, zu spät damit angefangen hatte. Wozu dann die ganze Anstrengung?

Sie begann eine Ausbildung in Körpertherapie. Heute hat sie ein eigenes Studio, gibt Tanzunterricht und hilft Tänzern dabei, ihren eigenen Körper besser zu verstehen und optimal zu nutzen.

Claudia wuchs wohlbehütet auf einem großen Bauernhof in Österreich auf. Schon als Fünfzehnjährige hatte sie ein Haus und viel Geld geerbt, mit dem sie tun und lassen konnte, was sie wollte. Entsprechend gering war ihre Motivation, nur des Broterwerbs wegen etwas zu erlernen, was ihr nicht gefiel. Nach der mittleren Reife wußte sie lange nicht, was sie tun sollte.

Irgendwann hörte sie davon, daß auch Frauen den Beruf eines Forstbeamten ergreifen könnten. Sie liebte Tiere und die Natur – also schlug sie diesen beruflichen Weg ein. Sie machte ihre Ausbildung und die Prüfung, und das war's dann: Sie übte den Beruf nämlich nicht einen Tag aus, sondern wollte jetzt plötzlich Sprachen lernen, und zwar Spanisch und Russisch, einfach so, ohne irgendwelche Absicht, weil es Spaß machte …

Dann hörte sie von der Möglichkeit, Heilpraktiker zu werden: Sie absolvierte die Prüfung, richtete sich in ihrem Haus ein Praxiszimmer ein, kam jedoch nie dazu, darin zu arbeiten, denn in der Zwischenzeit hatte sie für etwas Neues Feuer gefangen: ein Tierpflegeheim. Sie gründete eine Initiative gegen Tiermißbrauch und Tierverwertung, fühlte

Der Tierkreis steht symbolisch für sämtliche Belange des Lebens

sich Brigitte Bardot sehr nahe und besuchte sie sogar einmal in Saint-Tropez. Sie erlernte den Beruf der Tierheilpraktikerin und richtete in ihrem Haus Unterkünfte für verlassene und kranke Tiere ein. Doch auch diese Geschichte hatte bald ein Ende: Sie verlor das Interesse, damit auch jeden Schwung, und löste ihr Tierasyl auf. Nur ihr Pferd erinnert heute noch an damals.

In der folgenden Zeit hat Claudia zahlreiche Weiterbildungsveranstaltungen in Psychologie besucht. Vor wenigen Jahren funktionierte sie ihr Haus abermals um, nun in eine Art Künstler-und-Wachstums-Kolonie: Es leben dort Künstler und Therapeuten unter einem Dach. Am Wochenende werden Seminare angeboten. Claudia ist im Augenblick sehr glücklich mit ihrem Leben.

Markus promovierte in Wirtschaft, hatte aber danach überhaupt keine Lust, auf diesem Gebiet zu arbeiten. Er eröffnete auf einer griechischen Insel eine Surfschule, lebte im Sommer im Süden und bereiste im Winter die Welt. Vor ungefähr zehn Jahren versuchte er sich als Dichter, gab einen Lyrikband heraus, der auch einige Beachtung fand. Danach schrieb er Reisebücher, die mit eigenen Fotos bestückt wurden. Wieder war es ein Erfolg. Ich lernte ihn kennen, weil er sich anschließend für Astrologie interessierte und eine Ausbildung buchte. Bevor er mit einer eigenen Praxis anfangen konnte, starb sein Vater und hinterließ ihm ein großes Vermögen. Seitdem ist er damit beschäftigt, sein Geld über die verschiedensten Anlagefonds möglichst gewinnbringend zu verwalten – auch wieder mit großem Erfolg.

Theo studierte Sozialpädagogik und arbeitete danach drei Jahre in einer Einrichtung für Drogenabhängige. Während dieser Tätigkeit wuchs sein Widerstand gegen die harten therapeutischen Maßnahmen, wie sie in solchen Einrichtungen Usus sind. Er kündigte. Zu seinem jetzigen Beruf kam er durch einen – wie man so schön sagt – Zufall: Einer seiner Freunde, der eine Bar betrieb, bat ihn darum, während eines Personalengpasses auszuhelfen. Er tat es. Heute hat Theo ein eigenes Restaurant, steht hinter der Bar, strahlt die Gäste an, gibt seine Tips, klopft aufbauend auf Schultern: Er hat gefunden, was ihm liegt.

Zum einen zeigen diese Beispiele Tätigkeiten, die Löwen Spaß machen, etwa alles, was auch nur im entferntesten mit Kunst, Darstellung und Repräsentation zu tun hat, also Tanzen, Fotografieren oder Schreiben. Des weiteren lieben Löwen Tätigkeiten, bei denen sie anderen ihre Großzügigkeit zeigen und zukommen lassen können, zum Beispiel in einer tollen Bar zu stehen und Gäste zu verwöhnen. Dann haben Löwen ein Faible für Spekulationsgeschäfte. Hier kann man auch das Glücksspiel hinzufügen: Der einzige Croupier, den ich kenne, ist ein Löwegeborener, und er schwört Stein und Bein darauf, daß die meisten seiner Kollegen im Juli und August, also zur Löwezeit, Geburtstag feiern. Unter die Rubrik Kunst ist natürlich auch das große Feld Unterhaltung, einschließlich Darstellung, des weiteren Werbung, Schönheit, Mode und Kosmetik, der Handel mit Kunst und Mode einzuordnen.

Ob sie arbeiten oder entspannen, Löwen müssen mit ihrem Herzen dabeisein, das, was sie tun, aus ihrem Innersten heraus bejahen, ihr Beruf soll ihrer würdig sein. Für andere mag das so scheinen, als seien sie verwöhnt, stolz oder arrogant; für den Löwen jedoch ist eine Arbeit, zu der er sich nicht bekennen kann, vertane Zeit, Mühsal und Plage.

Auf der anderen Seite kann niemand so arbeiten wie ein Löwe, wenn er überzeugt ist von seinem Tun. Er ist ein Segen für jeden Betrieb, jede Firma, jeden Laden, jede Praxis, jede Bar oder wo immer er tätig wird, und er fügt seinen Handlungen automatisch eine persönliche Note und eine Spur Kreativität hinzu: Als Barkeeper mixt er die Drinks mit genialem, atemberaubendem Schwung. Als Krankenpfleger verteilt er außer Pillen ein Quantum Lebensfreude. Selbst wenn er am Fließband arbeitet, läuft dort garantiert mehr als nur eine eintönige Bewegung ab: ein Lächeln, mehr Spaß am Sein, eine kleine Show.

Der Löwe liebt es, gönnerhaft aufzutreten. Wird er Pädagoge, Arzt oder Therapeut, dann will er, gleich einem idealen Vater, für andere dasein, sie unterstützen, ihnen wie ein Mäzen großzügig unter die Arme greifen, wie ein Patriarch aufmunternd auf die Schultern klopfen.

DAS ARBEITSUMFELD UND DIE BERUFE DER LÖWEN

Wo arbeiten Löwen am liebsten?

Löwen betätigen sich mit Vorliebe in einem Umfeld, in dem Kunst, Geschmack, Mode, Schönheit, Genuß, Glück und Liebe angeboten, gesammelt oder verwaltet werden. Sie fühlen sich zu Hause, wo Führungsaufgaben anstehen, wo es auf angemessene Repräsentation ankommt und wo man auf der Bühne oder im Licht der Öffentlichkeit steht. Geht es um Gestaltung, Verwaltung, Sammlung und Verschönerung, sind Löwegeborene gern dabei, ebenso wenn sie sich mit Geld, Vergnügen und Spiel beschäftigen können. Sie haben gern zu tun mit Kommunikation, Unterhaltung, Unterricht und Darstellung. Sie bevorzugen auch ein berufliches Umfeld, in dem es um Entspannung, Geborgenheit, Familie, Kinder und Erziehung geht, um die Erhaltung der Gesundheit und der Schönheit sowie um schöpferische Teamarbeit.

Berufe der Löwen

A/B (Angestellter/Beamter) Auswärtiger Dienst, A/B Bundesbank, A/B Deutsches Patentamt, A/B Finanzverwaltung, A/B Kommunalverwaltungen, A/B Kriminalpolizei, A/B Polizei, Antiquitätenhändler, Apotheker, Archäologe, Astronom, Astrophysiker, Bankkaufmann, Berufe in Umweltorganisationen, Bildingenieur, Blumenbinder, Bodenpersonal bei Fluggesellschaften, Buchhändler, Chemielaborant, Chemiker, chemisch-technischer Assistent, Computer-Layouter, Cutter, Dekorateur, Dipl.-Ing. Elektrotechnik, Dipl.-Ing. Fachrichtung Chemie, Dipl.-Ing. Hoch- und Tiefbau, Dipl.-Ing. im Metallbereich, Dipl.-Ing. in der Entwicklung, Dipl.-Ing. in Fertigungstechnik, Diplompsychologe, Diplomsozialarbeiter, Diplombetriebswirt, Diplompädagoge, Diplomsportlehrer, Dolmetscher, Entwicklungshelfer, Ethnologe, Facharzt für allgemeine Medizin, Facharzt für Chirurgie, Fachlehrer, Fahrlehrer, Gartenbauarchitekt, Gärtner, Geologe, Geophysiker, Gewerkschaftsfunktionär, Historiker, Hochschullehrer, Hotelkaufmann, Industriedesigner, Informationsgrafiker, Innenarchitekt, Jurist, Kernphysiker, Kommunikationstechniker, Kosmetiker, Kultur- bzw. Medienmanager, Kunsterzieher, Kunsthistoriker, Maskenbildner, Masseur, MAZ-Techniker, Medieninformatiker, Multimediaproducer, Netzwerkspezialist, Ökologe, Ökomanager, Philologe, Philosoph, Pilot, Politiker, Politologe, Privatdozent, Psychotherapeut, Realschullehrer, Rechtsanwalt, Rechtspfleger, Reiseverkehrskaufmann, Rektor, Reporter, Restaurateur, Richter, Schauspieler, Schriftsteller, Seminarleiter, Sozialwissenschaftler, Sportmanager, staatlich geprüfter Betriebswirt, Staatsanwalt, Steward, Tanzlehrer, technischer Zeichner, Teletutor, Theaterwissenschaftler, Tierarzt, Tourismusmanager, Übersetzer, Verlagskaufmann, Verleger, Veterinärmediziner, Werbekaufmann, Zahnarzt, Zoologe, Zukunftsforscher.

Saturn nimmt Maß und setzt Grenzen

Test:

WIE »LÖWEHAFT« SIND SIE EIGENTLICH?

Mit Hilfe des folgenden Tests können Sie in Erfahrung bringen, wie typisch Sie für Ihr Tierkreiszeichen sind. Gehen Sie dabei so vor: Kreuzen Sie die Zahl an, wenn Sie die jeweilige Frage mit Ja beantworten. Falls Sie also gern Testfahrer wären, würden Sie die Zahl 1 ankreuzen. Wenn nicht, würden Sie dies nicht tun.

	+		–
Wären Sie gern Testfahrer?		1	
Sind Sie ein Mensch, der gern Geld zurücklegt?		2	
Verstehen Sie etwas von Kunst?		3	
Sind Sie gern unter Menschen?		4	
Können Sie sich vorstellen, Politik zu machen?		5	
Können Sie leicht Verantwortung übernehmen?		6	
Möchten Sie an einer Grenze stehen und Personen kontrollieren?		7	
Möchten Sie Babys in einem Krankenhaus betreuen?		8	
Möchten Sie Tierpräparate herstellen?		9	
Ist es Ihnen egal, was Sie arbeiten, Hauptsache, das Geld stimmt?		10	
Ordnen Sie sich leicht unter?		11	
Haben Sie Geduld?		12	
Möchten Sie Prüflingen Noten geben?		13	
Möchten Sie auf dem Land leben und arbeiten?		14	
Stehen Sie gern in der Öffentlichkeit?		15	
Möchten Sie Falschparkern einen Strafzettel geben?		16	
Möchten Sie an einer Diät als Testperson mitmachen?		17	
Möchten Sie Gehälter abrechnen?		18	
Fühlen Sie sich als etwas Besonderes?		19	
Arbeiten Sie gern im Team?		20	
Könnten Sie von der Hand in den Mund leben?		21	
Interessieren Sie sich für Mode?		22	
Mögen Sie Risiko?		23	
Führen Sie gern technische Berechnungen durch?		24	
Wären Sie gern Entdeckungsreisender?		25	
Mögen Sie Veränderungen?		26	

	+		–
Möchten Sie auf einer Bühne stehen?		27	
Können Sie gut allein sein?		28	
Können Sie leicht auf die Tageszeitung verzichten?		29	
Möchten Sie gern Jugendliche betreuen?		30	
Halten Sie Gefühle für wichtiger als den Verstand?		31	
Sind Sie selbstsicher?		32	
Liegt Ihnen das Wohlergehen anderer am Herzen?		33	
Sind Sie gern Gastgeber?		34	
Betreuen Sie gern Kranke?		35	
Wären Sie gern Lehrer?		36	
Sind Sie ein beständiger Mensch?		37	
Gehen Sie gern und häufig aus?		38	
Möchten Sie Menschen beraten?		39	
Haben Sie Geschmack?		40	
Tragen Sie gern Secondhandkleider?		41	
Würden Sie gern an einem Bankschalter stehen?		42	
Treiben Sie gern Sport?		43	
Würden Sie gern als Diskjockey arbeiten?		44	
Wären Sie gern Astronaut?		45	
Können Sie sich vorstellen, im Ausland zu arbeiten?		46	
Möchten Sie gern Reporter sein?		47	
Legen Sie Wert auf Pünktlichkeit?		48	
Wären Sie gern Fotomodell?		49	
Können Sie leicht bei einer Sache bleiben?		50	

Summe: ______________

Auswertung

Schreiben Sie immer dann ein Plus (+) links neben die Zahl, wenn Sie die Nummern **1, 3, 5, 6, 15, 19, 22, 27, 32, 34, 38, 40, 44, 49** angekreuzt haben (maximal vierzehnmal ein Plus).
Tragen Sie immer ein Minus (–) rechts neben die Zahl, wenn Sie die Nummern **2, 7, 10, 11, 13, 16, 17, 18, 41, 48** angekreuzt haben (maximal zehnmal ein Minus).

Ziehen Sie die Anzahl der Minus- von der Anzahl der Pluszeichen ab. Die Differenz ist Ihr Testergebnis.

Interpretation

Ihr Testergebnis beträgt 8 oder mehr Punkte: Sie sind ein hundertprozentiger Löwe. Alles, was in diesem Buch über die Natur des Löwen gesagt wurde, trifft auf Sie zu. Sie sind schöpferisch, selbstbewußt, feurig, ordnen sich schwer unter und arbeiten am besten, wenn Sie sich selbst bestimmen können. Ihre Gefühle sind direkt, und Sie brauchen immer Veränderung und den Reiz des Neuen. Routine wirkt auf Sie lähmend und einschläfernd.

Ihr Testergebnis liegt zwischen 5 und 8 Punkten: Bei Ihnen ist das Naturell des Löwen gedämpft. Wahrscheinlich haben Sie einen Aszendenten, der die Qualität Ihrer Löwepersönlichkeit in einer anderen Weise beeinflußt. Oder Ihr Mond hat diese Wirkung. Für Sie ist es daher interessant, die Stellung Ihres Mondes und Ihren Aszendenten im zweiten Teil dieses Buches kennenzulernen. Es kann aber auch sein, daß Sie durch frühere Erfahrungen dazu veranlaßt wurden, Ihr Löwenaturell abzulehnen. Dann ist es besonders wichtig, daß Sie sich damit wieder anfreunden und es mehr zulassen.

Ihr Testergebnis beträgt weniger als 4 Punkte: Sie sind ein untypischer Löwe. Wahrscheinlich haben Sie einen Aszendenten, der sich völlig anders als das Löweprinzip deuten läßt, oder Ihr Mond steht in einem solchen Zeichen. Es wird sehr spannend für Sie sein, dies im zweiten Teil des Buches herauszufinden. Sie haben es aber im Lauf Ihres Lebens womöglich auch für nötig befunden, Ihre Löweseite abzulehnen und zu verdrängen. Es ist daher Ihre Aufgabe, sich mit diesem Teil Ihrer Persönlichkeit wieder anzufreunden: Sie sind ein Geschöpf des Feuers, das von seinem Naturell her dafür geschaffen ist, wie die Sonne im Zentrum zu stehen und andere zu begeistern und mitzureißen.

Teil II IHRE INDIVIDUALITÄT

Der Aszendent und die Stellung von Mond, Merkur & Co. –

VORBEMERKUNG

In Teil I wurde erläutert, warum Löwe Ihr »Sternzeichen« ist, nämlich weil die Sonne zum Zeitpunkt Ihrer Geburt in diesem Abschnitt des Tierkreises stand. Nun gibt es in unserem Sonnensystem bekanntlich noch andere Himmelskörper, von denen der Erdtrabant Mond und die Planeten für die Astrologie bedeutsam sind. Sie alle haben ebenfalls entsprechend ihrer Stellung bei einer Geburt eine spezifische Aussagekraft. Obendrein spielen auch noch der Aszendent, die astrologischen Häuser und weitere Faktoren eine Rolle. Alles zusammen ergibt ein Horoskop.

Dieses Wort hat seine Wurzeln im Griechischen und heißt soviel wie »Stundenschau«, weil ein Horoskop auf die Geburtsstunde (eigentlich Geburtsminute) genau erstellt wird. Es ist also eine – in Zeichen und Symbole übersetzte – Aufnahme der astrologischen Gestirnskonstellationen zum Zeitpunkt einer Geburt. Es spiegelt die vollständige Persönlichkeit eines Menschen wider.

Im folgenden werden die neben der Sonne wichtigsten Größen eines Horoskops gedeutet: Aszendent, Mond, Merkur, Venus, Mars, Jupiter und Saturn. Sie können mit Hilfe des Geburtstags und der Geburtszeit ihre Position im Tierkreis ermitteln und dann die jeweilige Bedeutung kennenlernen. Die Interpretation dieser Horoskopfaktoren ist manchmal vom Sonnenzeichen des oder der Betreffenden abhängig, im großen und ganzen jedoch nicht. Wenn Sie also zum Beispiel ein Stier wären, dessen Mond im Widder stünde, müßte diese Mondstellung genauso gedeutet werden, wie wenn Sie vom Sonnenzeichen her eine Waage- oder eine Fischepersönlichkeit wären. Entsprechend finden Sie in den verschiedenen Bänden dieser Buchreihe in der jeweiligen Beschreibung des Aszendenten-, Mond-, Merkur-, Venus-, Mars-, Jupiter- und Saturnzeichens die gleichen Aussagen.

Auf der anderen Seite ist es wichtig, zu verstehen, daß die Interpretation einer einzelnen Größe wie zum Beispiel Aszendent, Mond oder Sonne immer nur einen bestimmten Aspekt wiedergibt, der eventuell widersprüchlich zu dem sein kann, was über einen anderen Faktor gesagt ist. Die Kunst der Astrologie beruht aber gerade darauf, Verschiedenes,

eventuell sogar Sich-Widersprechendes miteinander zu verbinden bzw. gemäß der eigenen Intuition und Erfahrung zu gewichten.
Die Tabellen zur Berechnung des Aszendenten, der Mond-, der Merkur-, der Venus-, der Mars- und der Jupiterstellung in diesem Band gelten nur für Ihr Tierkreiszeichen, die Saturntabelle gilt auch für alle anderen Zeichen.

DER ASZENDENT

Von Ihrem Sonnenzeichen her sind Sie ein Löwegeborener, dies ist aber wie gesagt nur *ein* Aspekt Ihrer Persönlichkeit. Die Astrologie kennt noch viele andere, wovon der Aszendent der wichtigste ist.
Für die Bestimmung des Aszendenten muß man allerdings die genaue Geburtszeit kennen. Sie ist erfahrbar, weil sie auf dem Standesamt des Geburtsorts festgehalten wird. Wenn Sie also die Zeit, zu der Sie das Licht der Welt erblickt haben, nicht kennen, haben Sie die Möglichkeit, dort anzufragen und um Auskunft zu bitten.
Als ich seinerzeit damit begann, Horoskope zu erstellen, war ich sehr erstaunt darüber, daß die Geburtszeit neben dem Geburtstag in den Büchern der Standesämter festgehalten wird. Der Geburtstag dient dem Staat neben anderen Angaben zur eindeutigen Identifizierung einer Person. Aber welchen Zweck erfüllt für die Bürokratie die Geburtszeit? Für mich liegt darin auch heute noch kein größerer Nutzen als dieser: Durch die schriftliche Fixierung der Geburtszeit liefern die Behörden der Astrologie die wichtigste Berechnungsgrundlage und ermöglichen so jedem Menschen einen Blick auf den ganz persönlichen, einzigartigen Anfang seines Lebens.
Der Aszendent symbolisiert Ihre individuelle Note. Das Sonnen- oder Tierkreiszeichen haben Sie ja gemeinsam mit allen Menschen, die wie Sie zwischen dem 23. Juli und dem 23. August geboren sind. Der Aszendent jedoch ergibt sich aus Ihrer ganz persönlichen Geburtszeit.
Was ist denn nun der Aszendent? Bekanntlich dreht sich die Erde in zirka 24 Stunden um ihre eigene Achse. Von der Erde aus gesehen, beschreibt die Sonne dabei aber einen Kreis um unseren Planeten. Dieser Kreis wird – ebenso wie beim scheinbaren Kreislauf der Sonne um die Erde innerhalb eines Jahres – in zwölf Abschnitte unterteilt: die zwölf Zeichen des Tierkreises. Entsprechend steigt am östlichen Hori-

zont etwa alle zwei Stunden ein neues Tierkreiszeichen auf. Dasjenige, das zum Zeitpunkt Ihrer Geburt gerade dort aufging, nennt man »Aszendent« (dieser Begriff ist abgeleitet vom lateinischen Wort *ascendere* = »aufsteigen«).

Die Deutung des Aszendenten ist auch dementsprechend, denn zunächst einmal wollen Ihre Anlagen (repräsentiert durch den Aszendenten) das gleiche wie das Tierkreiszeichen am Himmel, nämlich »aufgehen«. Wenn Sie also Aszendent Widder »sind«, dann strebt die durch dieses Zeichen symbolisierte Kraft danach, in Ihrem Leben aufzugehen und stärker zu werden. Sind Sie Aszendent Fische, dann versuchen sich Fischekräfte in Ihrem Leben bemerkbar zu machen. Man kann auch sagen, daß Ihr Aszendent mit zunehmendem Alter immer stärker wird. Manchmal ergänzen sich Aszendent und Tierkreiszeichen, zuweilen sind sie völlig entgegengesetzt. Entsprechend fällt es einem leichter oder schwerer, seinen Aszendenten zusammen mit seinem »Stern-« bzw. Sonnenzeichen in sein Leben zu integrieren.

DIE ERMITTLUNG DES ASZENDENTEN

A Suchen Sie in Tabelle 1 Ihren Geburtstag, und tragen Sie die zugehörige Zahl in Feld 1 auf Seite 75 ein (zum Beispiel: 16. August ergibt 309).

B Multiplizieren Sie Ihre Geburtsstunde mit der Zahl 15 (0.00 Uhr ergibt 0; 10.00 Uhr ergibt 150; und 23.00 Uhr ergibt 345). Tragen Sie die gefundene Zahl in Feld 2 auf Seite 75 ein.

C Teilen Sie Ihre Geburtsminute durch die Zahl 4 (0 Minuten ergibt 0; 10 Minuten ergibt 2,5; 40 Minuten ergibt 10). Tragen Sie die gefundene Zahl in Feld 3 auf Seite 75 ein.

18.8., 05:45

Tabelle 1

22. Juli	284
23. Juli	285
24. Juli	286
25. Juli	287
26. Juli	288
27. Juli	289
28. Juli	290
29. Juli	291
30. Juli	292
31. Juli	293
1. August	294
2. August	295
3. August	296
4. August	297
5. August	298
6. August	299
7. August	300
8. August	301
9. August	302
10. August	303
11. August	304
12. August	305
13. August	306
14. August	307
15. August	308
16. August	309
17. August	310
18. August	311
19. August	312
20. August	313
21. August	314
22. August	315
23. August	316
24. August	317

D Suchen Sie in der Landkarte den Abschnitt, in dem Ihr Geburtsort liegt, und tragen Sie die Ortszahl in Feld 4 auf Seite 75 ein (München ergibt 12, Berlin ergibt 13).

E Bilden Sie die Zwischensumme 1 aus Feld 1 bis 4.

F War bei Ihrer Geburt Sommerzeit? Dann muß die Zahl 15 abgezogen werden. Die Sommerzeiten in Deutschland, Österreich und der Schweiz finden Sie in der folgenden Tabelle auf Seite 73 bzw. 74.

G Bilden Sie die Zwischensumme 2. Ergibt sich eine Zahl von über 360, dann muß die Zahl 360 abgezogen werden.

H Bilden Sie die Summe 3.

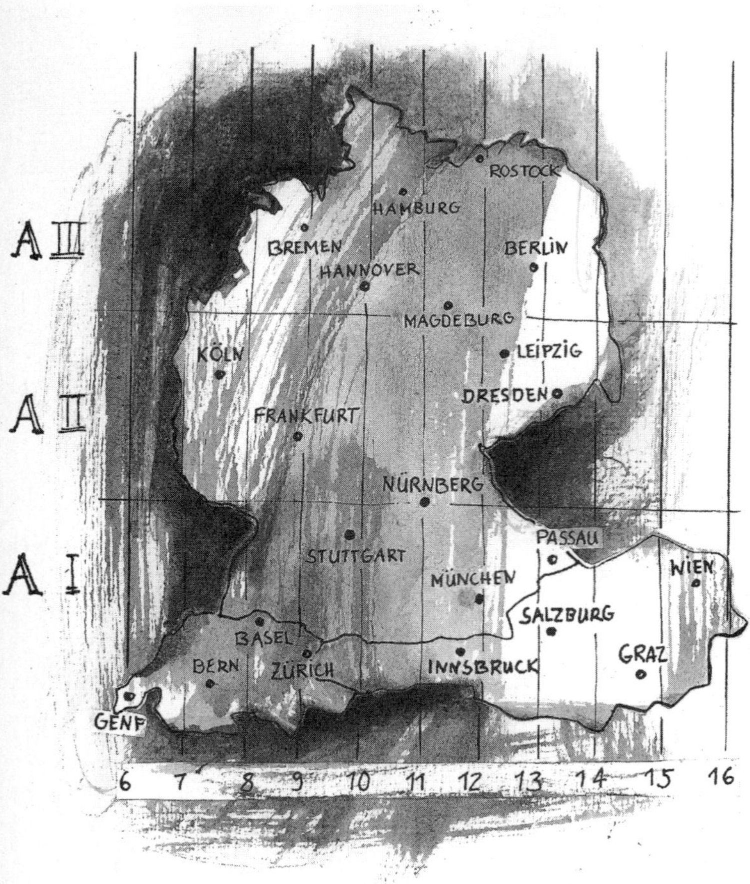
A III
A II
A I
ROSTOCK
HAMBURG
BREMEN
BERLIN
HANNOVER
MAGDEBURG
KÖLN
LEIPZIG
DRESDEN
FRANKFURT
NÜRNBERG
PASSAU
STUTTGART
MÜNCHEN
WIEN
SALZBURG
BASEL
GRAZ
BERN
ZÜRICH
INNSBRUCK
GENF
6 7 8 9 10 11 12 13 14 15 16

Sommerzeiten in Deutschland und Österreich

1940	1. April bis 31. Dezember
1941	1. Januar bis 31. Dezember
1942	1. Januar bis 1. November
1943	29. März bis 3. Oktober
1944	3. April bis 1. Oktober
1945	2. April bis 15. Oktober[1]
1946	14. April bis 7. Oktober
1947	6. April bis 5. Oktober[2]
1948	18. April bis 2. Oktober
1949	10. April bis 1. Oktober (D/sowj. bes. Zone bis 18. November)
1980	6. April bis 27. September
1981	29. März bis 26. September
1982	28. März bis 25. September
1983	27. März bis 24. September
1984	25. März bis 29. September
1985	31. März bis 28. September
1986	30. März bis 27. September
1987	29. März bis 26. September
1988	27. März bis 24. September
1989	26. März bis 23. September
1990	25. März bis 29. September
1991	31. März bis 28. September
1992	29. März bis 26. September
1993	28. März bis 25. September
1994	27. März bis 24. September
1995	26. März bis 23. September
1996	31. März bis 26. Oktober
1997	30. März bis 25. Oktober
1998	29. März bis 24. Oktober
1999	28. März bis 30. Oktober
2000	26. März bis 28. Oktober
2001	25. März bis 27. Oktober
2002	31. März bis 27. Oktober
2003	30. März bis 26. Oktober

[1] Im sowjetisch besetzten Gebiet Deutschlands vom 24. Mai bis 24. September doppelte Sommerzeit (mitteleuropäische Zeit minus 2 Stunden). Wenn Sie davon betroffen sind, sollten Sie sich ein professionell erstelltes Horoskop anfertigen lassen (siehe Info am Ende dieses Buches).

[2] 1947: doppelte Sommerzeit. Siehe Anm. 1.

Sommerzeiten in der Schweiz

1941	5. Mai bis 6. Oktober
1942	4. Mai bis 5. Oktober

Ab **1981** wie Deutschland und Österreich

Bestimmen Sie in Tabelle 2 Ihren Aszendenten. Dabei müssen Sie noch unterscheiden, ob Ihr Geburtsort in Abschnitt AI, AII oder AIII der Landkarte liegt.

Tabelle 2

AI	AII	AIII	Aszendent
270–280	270–279	270–278	Widder
281–284	280–283	279–282	Widder/Stier
285–297	284–295	283–291	Stier
298–303	296–301	292–299	Stier/Zwillinge
304–321	302–319	300–313	Zwillinge
322–330	320–328	314–325	Zwillinge/Krebs
331–355	329–353	326–348	Krebs
356–7	354–5	349–3	Krebs/Löwe
8–35	6–34	4–31	Löwe
36– 48	35–47	32–46	Löwe/Jungfrau
49–77	48–76	47–75	Jungfrau
78–89	77–89	76–89	Jungfrau/Waage
90–117	90–118	90–119	Waage
118–130	119–131	120–132	Waage/Skorpion
131–158	132–160	133–164	Skorpion
159–171	161–173	165–175	Skorpion/Schütze
172–197	174–200	176–204	Schütze
198–208	201–210	205–213	Schütze/Steinbock
209–228	211–230	214–235	Steinbock
229–235	231–237	236–239	Steinbock/Wassermann
236–249	238–251	240–254	Wassermann
250–254	252–255	255–256	Wassermann/Fische
255–265	256–266	257–266	Fische
266–269	267–269	267–269	Fische/Widder

Wenn Ihr Aszendent auf ein doppeltes Zeichen (zum Beispiel Widder/Stier) fällt, ist es ratsam, sich Ihren Aszendenten genau bestimmen zu lassen (siehe Info am Schluß des Buches).

Beispiel: Helga Mustermann, geb. am 16.8.1962 um 4.15 Uhr in Wien

A	Feld 1	Ihr Geburtsdatum ergibt die Tageszahl	309
B	Feld 2	Ihre Geburtsstunde ergibt die Stundenzahl	60 (4 mal 15)
C	Feld 3	Ihre Geburtsminute ergibt die Minutenzahl	4 (15 durch 4)
D	Feld 4	Ihr Geburtsort ergibt die Ortszahl	15, 5
E	Zwischensumme 1		388, 5
F	Sommerzeit (?)	(–15) nein	
G	Zwischensumme 2		388, 5
	Über 360 (?)	(–360) ja	– 360
H	**Summe 3**		**28, 5**

Im Beispiel ist der Aszendent (28,5 in AI) Löwe.

Hier können Sie Ihren Aszendenten berechnen

A	Feld 1	Ihr Geburtsdatum ergibt die Tageszahl	311
B	Feld 2	Ihre Geburtsstunde ergibt die Stundenzahl	75
C	Feld 3	Ihre Geburtsminute ergibt die Minutenzahl	11,25
D	Feld 4	Ihr Geburtsort ergibt die Ortszahl	15,5
E	Zwischensumme 1		412,75
F	Sommerzeit (?)	(–15)	- 15
G	Zwischensumme 2		
	Über 360 (?)	(–360)	52,75
H	**Summe 3**		52,75

Mein Aszendent lautet: Jungfrau

DIE ASZENDENTEN DER LÖWEN

Wenn Sie Ihren Aszendenten ermittelt haben, können Sie nun im folgenden etwas darüber erfahren, was er über bestimmte Teilbereiche Ihrer Persönlichkeit aussagt (siehe auch die Vorbemerkung am Beginn von Teil II). Haben Sie ein doppeltes Zeichen errechnet, lesen Sie am besten nach, was über beide geschrieben steht – meistens erkennt man dann schon, welches das wahrscheinlichere ist. Sie können sich aber auch den Aszendenten bzw. ein ganzes Horoskop mit allen Gestirnskonstellationen errechnen lassen (siehe die Info am Ende dieses Buches).

Aszendent WIDDER

Vorteile Direkt, spontan, dynamisch, durchsetzungsstark
Nachteile Ungeduldig, launisch
Aszendentenherrscher Mars

Darüber sollte kein Zweifel bestehen: Sie geben den Ton an, Sie treffen die Entscheidungen – und zwar blitzschnell. Gegenargumente interessieren Sie zunächst einmal herzlich wenig! Manche werden Sie daher gelegentlich »skrupellos« nennen, vielleicht sogar einen »Egoisten« ... Aber was soll man machen? Sie sind nun mal ein temperamentvoller Mensch! Außerdem treten Sie ja niemandem grundlos auf die Füße. Also warum sollten Sie auf Ihre spontane, direkte Art verzichten, nur weil Sie von Schlafmützen umringt sind? Man wird doch wohl noch sagen dürfen, was Sache ist ...! Sie behaupten ja auch nicht, daß Sie mit Ihrem Aszendenten Widder ins diplomatische Korps aufgenommen werden möchten oder eine Beamtenkarriere mit dem Prädikat »gute Führung« anstreben. Dafür sind Sie viel zu temperamentvoll und ungeduldig.
Ihre Qualitäten sind ganz anderer Natur: Überall da, wo Neues entsteht, wo expandiert wird, da haben Sie Ihre große Chance. Sie sind der Ausputzer, und das nicht nur auf dem Fußballfeld. Losstürmen, zupacken, durchgreifen – das können Sie wie kaum ein zweiter.
Obwohl nicht gerade feinfühlig, sind Sie trotzdem sehr beliebt. Im Grunde bleiben Sie ein herrlicher Kindskopf bis ins hohe Alter – sind aber auch mit Achtzig noch unfähig, Ihre Wut und Ungeduld in den Griff zu kriegen.

Aszendenten-Check

Wie ergänzen sich Sonne und Aszendent? Ihr Sonnenzeichen Löwe und Ihr Aszendentenzeichen Widder gehören beide dem Feuerelement an und passen gut zusammen. Ihr Feuer und Ihr Enthusiasmus können allerdings so groß werden, daß Sie aufpassen müssen, nicht über das Ziel hinauszuschießen.

Aszendent STIER

Vorteile Solide, sachlich, praktisch, sinnlich
Nachteile Stur, inflexibel
Aszendentenherrscher Venus

Von Ihrer Aszendentenkraft her sind Sie ein Praktiker, der das Leben realistisch und mit Hilfe seiner fünf Sinne betrachtet. Wertvoll ist, was gut klingt, angenehm riecht und schmeckt, schön aussieht und sich anfassen läßt. Außerdem sind Sie hedonistisch, also bis in die Zehenspitzen genußorientiert, dabei aber nie leichtsinnig, flatterhaft oder unzuverlässig. Schnaps ist Schnaps, und Dienst ist Dienst! Und ohne Arbeit keine Kohle und ohne Kohle kein Vergnügen! Manche sehen in Ihnen deswegen nichts anderes als einen schnöden Materialisten, ohne zu erkennen, was Sie wirklich sind: Realist nämlich – und praktisch durch und durch, mit beiden Beinen fest auf der Erde.
Was Sie einmal als Ihr Eigentum deklariert haben, lassen Sie sich nur ungern wieder nehmen. Doch Sie sind kein knausriger Mensch; Sie sind durchaus bereit zu teilen, aber niemand darf Sie drängen!
Wenn Sie lieben, würden Sie sogar Ihr letztes Hemd verschenken. In derart rosaroter Stimmung wird aus Ihnen ein Philosoph, der nächtelang über Gott und die Welt räsoniert und sich vom wortkargen und nüchternen Pragmatiker zum redegewandten Charmeur mausert. Ihr Partner darf alles, bloß kein Asket sein – genausowenig aber auch kein lockeres Vögelchen, das Ihr geliebtes Geld zum Fenster rauswirft.

Aszendenten-Check

Wie ergänzen sich Sonne und Aszendent? Ihr Sonnenzeichen Löwe und Ihr Aszendentenzeichen Stier sind gegensätzlicher Natur. Ihre feurige und großzügige Löweseite stößt sich mit der praktischen und manchmal auch materiell orientierten Stierseite. Es geht bei Ihnen darum, beide Seiten zu ihrem Recht kommen zu lassen und sie in Harmonie zu verbinden.

Wichtig für Sie: Wo steht Venus? Siehe das Kapitel »Das Venushoroskop – Ihre Liebesfähigkeit«!

Aszendent ZWILLINGE

Vorteile Gewandt, beredt, vielfältig, kommunikativ
Nachteile Zerstreut, unsicher
Aszendentenherrscher Merkur

Lässig wie die Rose am Revers tummeln Sie sich durchs Leben, welches ihnen, solange Sie in guter Verfassung sind, nie eintönig grau, sondern bunt und vielfältig wie der Blick durch ein Kaleidoskop erscheint. Sie beherrschen oft mehrere Sprachen, bestimmt aber einige Dialekte, und könnten ohne weiteres in völlig unterschiedlichen Branchen arbeiten oder das Management führen. Je unterschiedlicher die Aufgaben sind, die man Ihnen stellt, um so besser werden Sie. Am bemerkenswertesten sind Ihr Redetalent und Ihre Fähigkeit, Kontakte zu schließen. Aber Sie wollen das Leben in allen Nuancen auskosten, sind ungeheuer neugierig und möchten möglichst viele Menschen kennenlernen, und dafür muß man eben reden, reden, reden …
Dogmen, starre Regeln, die Zehn Gebote oder der »Bart des Propheten« lassen Ihnen einen Schauer über den Rücken laufen. Denn Ihrer tiefsten Überzeugung nach hält sich das Leben auch nicht an feste Vorgaben und überkommene Vorstellungen, sondern gleicht eher einer schillernden Seifenblase, einem Glasperlenspiel oder einer Komödie mit ständig wechselnden Rollen.
Freiheit und Unabhängigkeit stehen in Ihrer persönlichen Werteskala an der Spitze, weshalb Sie auch regelmäßig Probleme in festen Beziehungen bekommen.

Aszendenten-Check
Wie ergänzen sich Sonne und Aszendent? Ihr Sonnenzeichen Löwe und Ihr Aszendentenzeichen Zwillinge sind bestens aufeinander eingestimmt und verschaffen Ihnen kreative Höhenflüge. Am Bodenkontakt mangelt es zuweilen. Mißtrauen Sie Menschen, die Sie bremsen.

Aber suchen und achten Sie solche, die Ihnen dabei helfen können, Ihren Träumen Hand und Fuß zu verschaffen!

Aszendent KREBS

Vorteile Gefühlvoll, häuslich, sensibel, fürsorglich
Nachteile Launisch, abhängig
Aszendentenherrscher Mond

Sie sind ein bißchen rätselhaft und verlieren sich am liebsten in Ihrer eigenen oder anderer Leute Psyche. »Seelentaucher« könnte man Sie nennen ... Das Leibliche kommt deswegen aber noch lange nicht zu kurz. Sie sind ein Meister der Küche und würden sich, wenn Sie es drauf anlegten, allemal jede Menge »Kochlöffel« oder »-mützen« verdienen. Aber Sie sind auch scheu. Sie drängen nicht ins Rampenlicht. Über Ihre göttlichen Talente im Bett kann man nur munkeln. Wie kaum jemand anderes können Sie kindlich-ausgelassen albern sein. Aber Sie haben auch Ihre Launen. Wer die verstehen will, studiere zuerst Freuds Psychoanalyse, dann Dantes *Göttliche Komödie* und zum Schluß die hohe Kunst der Zen-Meditation.
In guten Zeiten sind Sie nämlich fröhlich, mit glänzenden Augen, extravertiert. Zwei Tage später vielleicht sind Sie wie verwandelt, stumm, scheu, abwesend, in sich gekehrt und zu wie eine Auster! Rätselhaft! Ein Mensch mit zwei Gesichtern! Und das alles, weil Sie wie kein anderes Tierkreiszeichen vom Mond abhängig sind. Beobachten Sie es einmal: Wird seine Sichel größer, wächst auch Ihr Selbstbewußtsein. Zieht sich der Mond zurück, leidet Ihr Nervenkostüm, die Empfindsamkeit wächst, und aus Angst, sich zu verletzen, ziehen Sie sich hinter Ihren Krebspanzer zurück.

Aszendenten-Check
Wie ergänzen sich Sonne und Aszendent? Ihr Sonnenzeichen Löwe und Ihr Aszendentenzeichen sind ausgesprochen konträr. Denn Sie haben sowohl eine besonders starke intellektuelle Veranlagung als auch ein intensives Gefühlsleben. Ihre Aufgabe in diesem Leben ist, die beiden Seiten miteinander in harmonischer Weise zu verbinden, das heißt, keine Seite zu negieren, aber auch keine zu stark zu betonen.

Wichtig für Sie: Wo steht der Mond? Siehe das Kapitel »Das Mondhoroskop – Ihre Gefühle«!

Aszendent LÖWE

Vorteile Selbstbewußt, großzügig, herzlich, schöpferisch
Nachteile Stolz, träge
Aszendentenherrscher Sonne

Sie haben eine doppelte Löwenatur, weil Sie sowohl vom Sonnen- als auch vom Aszendentenzeichen her Löwe »sind«. Nun kommt es allerdings ganz darauf an, ob Sie vor oder nach dem Sonnenaufgang geboren wurden. Diese Unterscheidung ist in der Astrologie äußerst wichtig. Sie sollten sich daher ein sogenanntes Radixhoroskop erstellen lassen (siehe die Info am Ende dieses Buches), denn anhand eines solchen Geburtshoroskops läßt sich diese wichtige Frage entscheiden. Vielleicht finden Sie es aber auch beim weiteren Lesen heraus.
Wurden Sie vor oder genau bei Sonnenaufgang geboren, steht Ihre Sonne im ersten Haus. Dann »verdoppeln« sich alle Löweeigenschaften, die bisher in diesem Buch beschrieben wurden. Sie sind ein besonders lebendiger, aktiver, idealistischer Mensch. Was Ihren Beruf betrifft, sollten Sie anstreben, sich selbständig zu machen oder eine Führungsposition zu übernehmen.
Wurden Sie hingegen nach Sonnenaufgang geboren, sind Sie eher ein nachdenklicher, sensibler Mensch, der es nicht leicht hat, seine Löweeigenschaften zu leben. Sie verfügen dafür über besondere mentale und künstlerische Begabungen und sind Ihrer Zeit häufig voraus. Durch unkonventionelles und schöpferisches Denken und Handeln können Sie neue (berufliche) Wege einschlagen. Wichtig ist, daß Sie Ihr soziales Verantwortungsgefühl entwickeln, denn Sie sind ein Mensch, den es nicht glücklich macht, wenn er nur an sich selbst denkt: Sie haben anderen – der Gesellschaft als Ganzes – etwas zu geben.

Aszendenten-Check
Wie ergänzen sich Sonne und Aszendent? Sonnen- und Aszendentenzeichen sind gleich und verstärken sich gegenseitig.

Die Sonne, die wichtigste Kraft in einem Horoskop, ist der Herrscher aller Löwegeborenen

Aszendent JUNGFRAU

Vorteile Zuverlässig, ehrlich, sachlich, beschwingt
Nachteile Pessimistisch, kritisch
Aszendentenherrscher Merkur

Geistig fit und jung zu bleiben ist Ihnen sehr wichtig ... genauso wichtig wie ein ordentlicher Gefühlshaushalt. Von Verdrängungen und unausgesprochenen Emotionen halten Sie nämlich nichts – Sie wollen sich mit Ihren Gefühlen auseinandersetzen, darüber reden, um sich ein reines, unbeschwertes Wesen zu erhalten. Sie wissen, Sie schlafen dann besser. So lernen Sie von Kind auf, Ihre Wünsche allmählich in den Griff zu kriegen, wenn nötig, aufzuschieben, bis die Gelegenheit günstiger ist. Oder Sie streichen sie nach dem Motto »Was ich nicht weiß, macht mich nicht heiß« ganz von Ihrer Liste: eine äußerst pragmatische Einstellung.

Diese Vernunft, gepaart mit einer gewissen Nüchternheit, äußert sich auch bei anderen Gelegenheiten: In der Liebe zum Beispiel lodern die Flammen der Leidenschaft zwar durchaus heftig, aber Sie suchen auch ruhigere Freuden wie Freundschaft, Zuneigung, Zärtlichkeit, Fürsorge und Treue.

Anderen gegenüber sind Sie sehr kritisch. Als Entschuldigung läßt sich nur anführen, daß Sie mit sich selbst noch härter umspringen.

Aszendenten-Check

Wie ergänzen sich Sonne und Aszendent? Ihr Sonnenzeichen Löwe und Ihr Aszendentenzeichen Jungfrau ergänzen sich nicht automatisch. Sie stellen nämlich unterschiedliche Ansprüche an sich, sind einerseits dem feurigen Element Löwe verpflichtet, das heißt, Sie lieben das Schöne, Geistige und vom Zwang des Alltags Befreite; andererseits sind Sie ein praktischer Mensch, der seine Bestätigung im Konkret-Materiellen findet.

Aszendent WAAGE

Vorteile Anmutig, charmant, stilvoll, neutral
Nachteile Abhängig, unecht
Aszendentenherrscher Venus

Mit Ihrer entgegenkommenden, freundlichen Art gelingt es Ihnen schnell, Kontakt zu anderen zu finden, und Sie wissen sofort, was Ihre Mitmenschen möchten. Bei Ihnen selbst blicken Sie allerdings weniger gut durch. Spontane Entscheidungen fallen Ihnen besonders schwer. Sie müssen alles genau abwägen, und häufig entscheiden dann andere für Sie.
Das ist auch in Partnerschaften der Fall. Wenn Sie am Anfang einer Liebe stehen, mag das noch angehen, aber auch dann, wenn eine Beziehung zu Ende geht, treffen eher Ihre Partner die Entscheidung, obwohl Sie in Wirklichkeit längst mit dem Gedanken einer Trennung gespielt haben.
Kreativität ist Ihnen angeboren. Sie haben Geschmack, Stil und tolle Einfälle. Der Nachteil: Alltagsroutine fällt Ihnen schwer. Am liebsten würden Sie immer nur schwelgen, lieben, die Welt verschönern ... Und zwar nicht nur äußerlich, sondern auch atmosphärisch. Sie sind bemüht, harte Kontraste und kantige Widersprüche in Ihrer Umgebung nach Möglichkeit zu vermeiden. Unter Freunden, in einer Partnerschaft oder Familie genauso wie in einem Arbeitsteam sorgen Sie für eine angenehme, heitere und entspannte Atmosphäre.
Das ist großartig, wenn es darum geht, Konflikte zu vermeiden oder Streithansel zu versöhnen. Aber es kann auch des Guten zuviel werden, nämlich dann, wenn Sie Unstimmigkeiten grundsätzlich aus dem Weg gehen. Lernen Sie, daß ein gewisses Maß an Streit und Auseinandersetzungen zu einem erfüllten Leben gehören!

Aszendenten-Check
Wie ergänzen sich Sonne und Aszendent? Ihr Sonnenzeichen Löwe und Ihr Aszendentenzeichen Waage passen gut zusammen. Ihr Einfallsreichtum steigert sich zu kreativen Höhenflügen, so daß Sie gelegentlich aufpassen müssen, sich nicht zu verlieren ...

Wichtig für Sie: Wo steht Venus? Siehe das Kapitel »Das Venushoroskop – Ihre Liebesfähigkeit«!

Aszendent SKORPION

Vorteile Furchtlos, unergründlich, leidenschaftlich
Nachteile Mißtrauisch, starr
Aszendentenherrscher Pluto

Nach außen hin pflegen Sie den Kult des geheimnisvollen Unbekannten: Keiner soll wissen, wie's in Ihrem Inneren aussieht. Sie selbst allerdings lesen in anderen wie in einem offenen Buch: Sie haben den Röntgenblick und einen »körpereigenen Lügendetektor« noch dazu. Gnadenlos decken Sie auf, wo immer mit gezinkten Karten gespielt wird, und legen, wenn's sein muß, den Finger genau in die offene Wunde. Stets sind Sie auf der Suche nach dem Echten und Wahren und weisen alles Künstliche und Oberflächliche kompromißlos ab.
Allerdings gibt es bekanntlich immer mehrere Wahrheiten – und hier beginnt das Problem: Sie neigen nämlich dazu, Ihre Meinung (oder diejenige, der Sie sich angeschlossen haben) zur alleinseligmachenden zu erklären. Sie müssen lernen, von einseitigen Vorstellungen loszukommen.
Ihr Lebensstil wird weniger von äußerlicher Bequemlichkeit geprägt als von Entschlossenheit und Konsequenz. Sie brauchen daher Herausforderungen. Es ist sogar so, daß Sie um so mehr leisten, je größer Ihre Aufgaben sind.

Aszendenten-Check

Wie ergänzen sich Sonne und Aszendent? Ihr Sonnen- und Ihr Aszendentenzeichen sind sehr verschieden, was zu Spannungen führt. Aber Probleme machen Ihnen nicht nur zu schaffen, sondern sie bringen Sie auch weiter – und das ist Ihnen um so wichtiger, je älter Sie werden. Am schwierigsten ist es, damit fertig zu werden, daß Sie sowohl eine tiefe Bindung wünschen als auch selbständig und unabhängig bleiben wollen.

Aszendent SCHÜTZE

Vorteile Optimistisch, aufgeschlossen, mitreißend, jovial
Nachteile Unrealistisch, leichtgläubig
Aszendentenherrscher Jupiter

Ihr Leben ist eine fortwährende Suche nach Abwechslung und Überraschung, Änderung und Verwandlung: Es gibt für Sie keine größere Horrorvorstellung als die Aussicht, daß alles so bleibt, wie es ist. Als Maßnahme gegen die Langeweile stürzen Sie sich ins Abenteuer, treiben exzessiven Sport, fahren schnelle Autos und verbringen Ihren Urlaub abseits jeder touristischen Trampelroute. Streß und Improvisation sind die Motoren, die Sie antreiben und zu Höchstleistungen trimmen. Karriere machen Sie daher bestimmt nicht dort, wo Routine das wichtigste ist.
Parallel zu draußen ist auch drinnen Action angesagt: Sie kennen die Macht der Phantasie und zaubern daraus wie aus einer magischen Wundertüte immer wieder etwas Neues, Buntes hervor.
Ihr Auftreten ist dynamisch. Ausstrahlung braucht der erfolgreiche Mensch, Faszination, Charisma, Sex-Appeal! Und Sie strotzen von alledem! Wer es sich grundlegend mit Ihnen verderben will, braucht nur die Unwahrheit zu sagen. Lügen verachten Sie. Man darf von Ihnen auch nicht erwarten, daß Sie Ihre aufrichtige Meinung verbergen. Sie sagen, was Sie denken, und verärgern damit oft andere.

Aszendenten-Check
Wie ergänzen sich Sonne und Aszendent? Sie haben beides, Inspiration und Liebe. Aber Sie brauchen Ziele, die Sie begeistern, und Menschen, die Sie begeistern können. Ihren Hang zu Autoritätskonflikten müssen Sie einfach überwinden, wenn Sie die großen Aufgaben, die Sie sich vorgenommen haben, meistern wollen.

Wichtig für Sie: Wo steht Jupiter? Siehe das Kapitel »Das Jupiterhoroskop ...«!

Aszendent STEINBOCK

Vorteile Sachlich, objektiv, gerecht, zäh
Nachteile Hart, kalt
Aszendentenherrscher Saturn

Sie sind ein Mensch für den zweiten Blick, nicht besonders auffällig oder selbstbewußt, auch nicht unbedingt umwerfend charmant. Aber Sie sind entschlossen, zäh und willensstark. So wie die richtigen Steinböcke in den Bergen für ein Leben droben unterm Gipfel geschaffen sind, gehören auch Sie hinauf – und werden dort eines Tages landen. Auf jeden Fall haben Sie die richtigen Voraussetzungen für einen Gipfelsturm: Sie sind genügsam, zäh und ausdauernd.
Ihre berufliche Ausgangslage ist also bestens. Sie sind dafür prädestiniert, Verantwortung zu übernehmen, andere zu führen und ihnen ein Vorbild zu sein. Weil Sie die Dinge »von oben herab« betrachten, vertreten Sie ein übergeordnetes Prinzip, das Sie zum Wohle aller einzusetzen in der Lage sind. In der Organisation und Verwaltung leisten Sie Hervorragendes.
Doch alles hat seinen Preis. Weil Sie für einen harten Lebenskampf gerüstet sind, ist Ihr Gefühlsleben entsprechend spärlich. Sie haben in aller Regel schon früh erfahren, daß das mit den Gefühlen so eine Sache ist, daß sie verletzlich und hilflos machen ... Also besser, man zeigt sie nicht. Daraus wurde mit der Zeit eine Gewohnheit.

Aszendenten-Check
Wie ergänzen sich Sonne und Aszendent? Ihr Sonnenzeichen und Ihr Aszendentenzeichen verkörpern völlig entgegengesetzte Kräfte. Infolge Ihres Löwenaturells suchen Sie Großzügigkeit und Spontaneität. Ihre Steinbockveranlagung jedoch setzt Sie unter Druck, vorsichtig, kritisch und distanziert vorzugehen. Dieser Widerspruch kann dazu führen, daß Sie sich und anderen gegenüber sehr hart sind, was Schwächen und Fehler betrifft. Im Lauf Ihres Lebens wird aus dem »Entweder-Oder« allerdings ein »Und« bzw. ein »Sowohl-Als-Auch«. Sie werden das Kunststück vollbringen, Leichtigkeit und Schwere, Muse und Alltag miteinander zu verbinden.

Aszendent WASSERMANN

Vorteile Human, frei, unkonventionell, erfinderisch
Nachteile Abgehoben, nervös
Aszendentenherrscher Uranus

Sie haben die richtige Mischung aus kühler Vernunft, exzentrischen Angewohnheiten und schöpferischer Phantasie. Virtuos beherrschen Sie die feinsten gesellschaftlichen Umgangsformen und verachten dennoch jede Regel. Ihr bestgehütetes Gut ist Ihre Unabhängigkeit. Um sie zu retten, opfern Sie auch mal eine sichere, aber sterbenslangweilige Karriere als Beamter oder Angestellter im öffentlichen Dienst. Routine, Arbeit nach Vorschrift und Vorgesetzte, die Ihnen wie Geier aufs Aas auf die Finger starren, bedeuten das Aus für Ihr sprühendes Temperament.

Ihr Charakter zeigt eine gewisse Ähnlichkeit mit »Luft«. So sind Sie vom Wesen her sehr transparent und offenbaren sich leicht anderen Menschen. Und Sie lassen sich auch nur schwer greifen und begreifen und lösen sich wie Luft auf, wenn man Sie einmal wirklich packen möchte. Gefühle und Leidenschaften sind Ihnen vertraut. Aber diese berühren Sie niemals heftig und tief. Daher erfreuen Sie sich auch im Regelfall einer inneren Harmonie und Gelassenheit. Ihr Temperament ist eher fröhlich, heiter – sanguinisch.

Aszendenten-Check

Wie ergänzen sich Sonne und Aszendent? Ihr Sonnenzeichen Löwe und Ihr Aszendentenzeichen Wassermann liegen sich im Tierkreis genau gegenüber, stehen also für entgegengesetzte Qualitäten: Einerseits sind Sie löwehaft feurig und orientiert an dem, was Ihnen persönlichen Genuß verschafft, andererseits (Wassermann) interessiert Sie gerade das Wohlergehen der anderen. Sie kommen mit diesen beiden Seiten um so besser klar, je mehr Sie sich selbst zugestehen, daß Sie eben zwei entgegengesetzte Anlagen haben, und nicht versuchen, sich in eine Richtung zu zwängen.

Vorteile Geheimnisvoll, intuitiv, sensibel, verständnisvoll
Nachteile Unsicher, unrealistisch
Aszendentenherrscher Neptun

Sie sind ein ewiges Rätsel! Naiv wie ein Kind, mysteriös wie eine Sphinx – mal messerscharf denkend, ja fast schon genial, dann wieder völlig abwesend, träumend, zerstreut, unfähig, die einfachsten Dinge auf die Reihe zu bringen. Gewöhnungsbedürftig für alle, die mit Ihnen leben, sind die Phasen, in denen Sie im Chaos versinken, sich gehenlassen und vernachlässigen.
Am erstaunlichsten ist Ihre Intuition – Ihre fast schon übersinnlichen Fähigkeiten: als könnten Sie Gedanken lesen, in die Zukunft blicken und hellsehen. Als Frau sind Sie noch eine Spur mysteriöser, obwohl Sie als Mann natürlich ebenfalls diesen »Faktor X« besitzen, ihn aber lieber vor der Öffentlichkeit verbergen. Auf der anderen Seite lassen Sie auch kaum ein Fettnäpfchen aus: Wenn's darum geht, sich so richtig schön danebenzubenehmen, kann Ihnen keiner das Wasser reichen! Auch das ist ein Grund, warum Sie sich oft so einsam und unverstanden fühlen: »Keiner liebt mich, keiner versteht mich ...« – ist das nicht Ihr Lieblingsvorwurf gegenüber dem Rest der Welt? Irgendwann werden Sie verstehen, warum Sie häufig allein sind: weil Sie so am glücklichsten sind! Das heißt jetzt nicht, daß Sie ins Kloster oder ins Himalajagebirge gehören. Im Gegenteil! Sie sind eine derartig schillernde und reizende Person, daß es nichts Schöneres gibt, als mit Ihnen den ewigen Reigen der Wassernymphen und Faune zu tanzen: locken, sich fangen lassen, entkommen, lachen und davonlaufen ...

Aszendenten-Check
Wie ergänzen sich Sonne und Aszendent? Diese Mischung macht Sie widersprüchlich, denn Sie wollen beides: allein sein und viel sozialen Kontakt besitzen. Die Kunst besteht darin, beide Seiten zu ihrem Recht kommen zu lassen.

Das Mondhoroskop –
IHRE GEFÜHLE

Im folgenden Kapitel geht es darum, in welchem Zeichen der Mond zum Zeitpunkt Ihrer Geburt stand. Denn der Mond ist in der Astrologie neben der Sonne das bedeutsamste Gestirn.

Mondzeichen

Der Mond

»Au clair de la lune,
mon ami Pierrot,
prête-moi ta plume,
pour écrire un mot.
Ma chandelle est morte,
je n'ai plus de feu.
Ouvre-moi ta porte
pour l'amour de Dieu.«

Im Schein des Mondes,
mein Freund Pierrot,
leih mir deine Feder,
um ein Wort zu schreiben.
Meine Kerze ist aus,
ich habe kein Feuer mehr.
Öffne mir deine Türe
um der Liebe Gottes willen.

Französisches Volkslied

In einem Schöpfungsmythos heißt es, der Mond sei ein Kind der Erde. Ein anderer beschreibt ihn als Teil unseres Planeten, den dieser aus sich herausgerissen und in den Himmel geschleudert habe, um damit Raum für das Wasser der großen Ozeane zu schaffen: Und dieses Wasser brachte der Erde Fruchtbarkeit. Zu letzterer Geschichte würde passen, daß das Volumen des Mondes, großzügig bemessen, etwa so groß ist wie der Raum, den alle Meere zusammen einnehmen. Doch schon die frühesten Analysen von Mondgestein ergaben, daß Mond und Erde wegen des signifikanten Unterschieds der Beschaffenheit eine andere Entstehungsgeschichte haben müssen.
In allen Mythen, Geschichten und Erzählungen über den Mond wird er als weiblich, die Sonne hingegen als männlich gesehen. In den romanischen Sprachen setzt sich diese Tradition im grammatischen Geschlecht fort: So heißen Mond und Sonne beispielsweise im Italienischen *la luna* und *il sole* und im Französischen *la lune* und *le soleil*.
Von einem Vollmond bis zum nächsten verstreichen 28 Tage. Genauso lange dauert der Zyklus einer Frau. Schon dadurch ist die Beziehung zwischen Weiblichkeit und Mond überdeutlich: Die Sonne wird mit dem Männlichen assoziiert, der Mond mit dem Weiblichen.

Sonne	**Mond**
männlich	weiblich
Vater	Mutter
direkt	indirekt
ausstrahlend	empfangend
Verstand	Gefühl
aktiv	passiv
bestimmend	sorgend
logisch	intuitiv

Auch in der Astrologie verkörpert die Sonne zunächst einmal den Mann und der Mond die Frau. Die Frau ist ihrem Mond näher als ihrer Sonne.
Nehmen wir als Beispiel eine Dame mit der Sonne im Widder (also dem Tierkreiszeichen Widder) und dem Mond im Krebs. Sie wird sich nicht richtig verstanden fühlen, wenn sie in einem Astrologiebuch über ihr Tierkreiszeichen Widder liest, sie sei dynamisch, rücksichtslos, spontan, selbstsicher. Erfährt sie jedoch dann, was über den Mond im Krebs geschrieben steht – gefühlvoll, häuslich, anhänglich, fürsorglich –, wird sie sich sofort wiedererkennen. Mit anderen Worten: Eine Frau müßte eigentlich bei ihrem Mondzeichen nachlesen und nicht bei ihrem Sonnen- bzw. Tierkreiszeichen. Die gängige Astrologie ist offenbar stark am Mann orientiert: Ein Sonnen- oder Tierkreiszeichen-Horoskop findet man beinahe in jeder Zeitung, das Mondzeichen-Horoskop hingegen in kaum einer einzigen – was aber natürlich auch daran liegen dürfte, daß das Mondzeichen für den Leser schwieriger als das Sonnenzeichen zu ermitteln ist.
Je eher eine Frau jedoch ihre traditionelle Rolle verändert, nicht mehr nur Mutter und Hausfrau ist, sondern »ihren Mann steht«, um so mehr wird sie auch ihre Sonne leben. Allerdings wäre es jetzt wiederum völlig falsch, ihren Mond unberücksichtigt zu lassen.
Eine bewußte und emanzipierte Frau schöpft idealerweise aus Sonne und Mond: Führungsaufgaben, die von Männern in der Regel hierarchisch-gebieterisch gelöst werden, gehen Frauen meist anders an – sie lassen mehr Nähe (Mond) zu und können ihre Mitarbeiter dadurch viel besser motivieren. Auch bei Entscheidungen sind Frauen, die sowohl Logik (Sonne) als auch Intuition (Mond) zulassen können, Männern – wenn letztere sich denn nur »nach der Sonne richten« – um ein beträchtliches überlegen.
Sind bei einer Tätigkeit die dem Mond zugeschriebenen Eigenschaften beteiligt, fühlt man sich wohl, zu Hause, geborgen, mit sich stimmig. Darüber hinaus gibt es viele Bereiche, in denen mit Gefühl, Intuition, Geschmack, Ahnung, Atmosphäre und Stimmigkeit besser und erfolgreicher gearbeitet werden kann. Man denke nur an Kunst, Politik und das Heilen. Aber auch in der Wirtschaft müssen immer wieder Entscheidungen getroffen werden, bei denen man nichts in der Hand hat als eben ein gutes bzw. ein schlechtes Gefühl.

DIE ERMITTLUNG DES MONDZEICHENS

Um »Ihren persönlichen Mond« zu finden, gehen Sie nach der folgenden Beschreibung vor:

A Entnehmen Sie Ihre Jahres-Monatszahl der *Tabelle 1*:

Jahr*	Juli	Aug.	Jahr	Juli	Aug.	Jahr	Juli	Aug.
1920	281	326	1948	30	77	1976	147	200
1921	44	94	1949	164	216	1977	283	335
1922	182	234	1950	300	350	1978	56	101
1923	316	1	1951	68	112	1979	176	221
1924	91	137	1952	200	248	1980	319	11
1925	214	265	1953	336	30	1981	94	145
1926	354	46	1954	111	160	1982	226	271
1927	126	172	1955	238	282	1983	346	31
1928	261	307	1956	11	60	1984	130	184
1929	25	76	1957	148	201	1985	266	316
1930	166	218	1958	281	330	1986	37	81
1931	295	341	1959	48	92	1987	156	203
1932	71	117	1960	181	231	1988	301	355
1933	196	248	1961	319	13	1989	77	127
1934	337	29	1962	92	140	1990	206	251
1935	106	151	1963	218	262	1991	327	14
1936	241	287	1964	353	43	1992	112	166
1937	8	60	1965	130	184	1993	248	297
1938	148	199	1966	263	310	1994	17	61
1939	276	322	1967	28	72	1995	138	185
1940	51	97	1968	164	215	1996	283	337
1941	180	232	1969	302	354	1997	60	108
1942	319	9	1970	74	121	1998	186	230
1943	87	132	1971	197	241	1999	308	357
1944	221	268	1972	335	27	2000	94	148
1945	352	45	1973	114	165	2001	232	279
1946	130	179	1974	245	291	2002	356	40
1947	258	302	1975	7	52	2003	119	169

B Entnehmen Sie Ihre Tageszahl aus *Tabelle 2*:

Tag	Zahl	Tag	Zahl	Tag	Zahl
1.	0	11.	132	21.	265
2.	13	12.	145	22.	278
3.	26	13.	159	23.	291
4.	40	14.	172	24.	304
5.	53	15.	185	25.	317
6.	66	16.	199	26.	331
7.	79	17.	212	27.	344
8.	92	18.	225	28.	357
9.	105	19.	238	29.	11
10.	119	20.	252	30.	24
				31.	37

C Entnehmen Sie die Stundenzahl aus *Tabelle 3*:

Geboren um	Punkte	Geboren um	Punkte
0–2 Uhr	–6	12–14 Uhr	+1
2–4 Uhr	–5	14–16 Uhr	+2
4–6 Uhr	–4	16–18 Uhr	+3
6–8 Uhr	–3	18–20 Uhr	+4
8–10 Uhr	–2	20–22 Uhr	+5
10–12 Uhr	–1	22–24 Uhr	+6

Ohne Geburtszeit beträgt die Stundenzahl 0.

* Sämtliche Planetentabellen beginnen mit dem Jahr 1920. Das bedeutet jedoch in gar keiner Weise, daß ältere Leser nicht angesprochen werden sollten. Aber irgendwo muß einfach ein Schnitt gezogen werden. Älteren Lesern wird empfohlen, sich ihre Planetenpositionen anhand eines Geburtshoroskops berechnen zu lassen (siehe Info am Ende dieses Buches).

Beispiel: Geburtstag am 16. August 1962, 3.00 Uhr:

A	Jahres-Monatszahl		140
B	Tageszahl		199
C	Stundenzahl		– 5
Summe			334
wenn über		360 (–360)	
Summe total			**334**

Das Mondzeichen lautet Wassermann/Fische. Für dieses Beispiel kommen also die Texte »Mond im Wassermann« und »Mond in den Fischen« in Frage. Ergibt sich wie hier ein doppeltes Mondzeichen, können beide Textabschnitte richtig sein.

Hier können Sie Ihren persönlichen Mond bestimmen:

A	Jahres-Monatszahl		221
B	Tageszahl		225
C	Stundenzahl		– 4
Summe			
wenn über		360 (–360)	442
Summe total			82

Die Auswertung:

Total	Mond im Zeichen
9–20	Widder
21–38	Widder/Stier
39–50	Stier
51–68	Stier/Zwillinge
69–80	Zwillinge
81–98	Zwillinge/Krebs
99–110	Krebs
111–128	Krebs/Löwe
129–140	Löwe
141–158	Löwe/Jungfrau
159–170	Jungfrau
171–188	Jungfrau/Waage
189–200	Waage
201–218	Waage/Skorpion
219–230	Skorpion
234–248	Skorpion/Schütze
249–260	Schütze
261–278	Schütze/Steinbock
279–290	Steinbock
291–308	Steinbock/Wasserm.
309–320	Wassermann
321–338	Wassermann/Fische
339–350	Fische
351–8	Fische/Widder

Ihr persönliches Mondzeichen lautet Zwillinge / Krebs

DIE MONDZEICHEN DER LÖWEN

Wenn Sie Ihr Mondzeichen herausgefunden haben, können Sie nun ähnlich wie beim Aszendenten im folgenden etwas darüber erfahren, was es über Ihre Persönlichkeit aussagt (siehe auch die Vorbemerkung am Beginn von Teil II dieses Buches). Haben Sie ein doppeltes Zeichen ermittelt, lesen Sie wieder am besten nach, was über beide Zeichen geschrieben steht – Sie erkennen dann wie gesagt sicher schon, welches das zutreffendere ist. Im Zweifelsfall können Sie sich aber auch ein genaues Horoskop errechnen lassen (siehe Info am Ende des Buches).

Mond im Widder – FEURIG

Mondstärken Gern etwas unternehmen. Direktheit, Selbständigkeit, Ichhaftigkeit. Suche nach eigenständiger Wirksphäre. Intensives Phantasieleben. Musikalische oder bildnerische Begabung. Unkonventionelle berufliche Wege einschlagen. Ideenträger sein. Erspüren von Macht
Mondschwächen Aggressivität. Spannung

Sie sind ein außergewöhnlich reizender Mensch, wirken jung, unschuldig, unkompliziert, und ein entwaffnender Charme nimmt Ihrem Angriff jeden Stachel. Sie äußern sich sofort, wenn Ihnen etwas nicht paßt. Diplomatie zählt nicht zu Ihren Stärken. Sie geben sich unverstellt und haben Ihr Herz am rechten Fleck. Sie können aber auch, und das erstaunt bei Ihnen, sehr empfindlich sein. Versucht man, Ihre Angriffe zu parieren, reagieren Sie mit so großer Betroffenheit, daß man seine eigene Rage schnell wieder vergißt. Am schlechtesten ertragen Sie, wenn Sie übersehen werden: Ohne Erfolgserlebnisse wandeln Sie sich trotz Ihres feurigen Widdermonds in ein Lamm, das resigniert auf bessere Zeiten wartet.

Ihre Liebesfähigkeit: Wer Sie liebt, lebt im siebten Himmel oder in der zehnten Hölle. Andere Varianten des Daseins gibt es für Sie kaum. Mit Ihnen kann man reisen, jeden Sport treiben und jederzeit ein gemeinsames Geschäft eröffnen. Eine Person, die zu Hause geduldig auf ihren Allerliebsten wartet, sind Sie aber gewiß nicht.

Mond-Check
Wie weiblich macht mich mein Mond? Nicht besonders stark. Widder ist ein sehr männliches Zeichen.
Wie mütterlich macht mich mein Mond? Sie sind der Typ »Kumpel zum Pferdestehlen«, aber kein ausgeprägter Muttertyp.
Wie gefühlvoll macht mich mein Mond? Sie sind sehr feurig.
Aber das bedeutet nicht, daß Sie besonders gefühlvoll sind.
Wie intuitiv macht mich mein Mond? Sie haben starke Ahnungen und Wahrträume.

Mond im Stier – ERDIG

Mondstärken Gern leben und genießen. Gefestigtes Gefühlsleben. Naturliebe. Musikalität (besonders Gesang). Sammelleidenschaft. Gutmütigkeit. Häuslichkeit. Geschmack. Praktische Begabung. Fühlen, was Sache ist. »Geld riechen«
Mondschwächen Antriebsarmut. Materialismus

Sie stehen mit beiden Füßen fest auf Mutter Erde, aber nur dort, wo etwas gedeiht. Sie handeln und denken praktisch und verlieren nie den finanziellen Aspekt aus den Augen. Über Geldmangel brauchen Sie jedenfalls nicht zu klagen. Denn wer den Mond im Stier hat, den beschenken auch die Sterne. Zudem sind Sie eine äußerst sinnliche Person. Und mit diesem Potential glänzen Sie nicht nur in der Liebe. Sie können beispielsweise phantastisch kochen.

Ihre Liebesfähigkeit: Eine hervorstechende Eigenschaft ist Ihr Mut. Sie folgen einem Partner in die Antarktis oder heiraten einen Zirkusartisten. Ausgefallenes oder Skurriles weckt Ihr Interesse und nicht selten Ihre Leidenschaft. Sie suchen einen richtigen Partner, weil Sie wissen, daß Sie auch allein leben könnten. Im anderen Lager stehen Sie daher hoch im Kurs. Sie beschwören einerseits den Traum von himmlischer Liebe, entsprechen aber gleichzeitig dem Wunsch nach einem sehr bodenständigen, praktischen Partner. Im Umgang mit Ihnen zählt Respekt. Auf Achtlosigkeit reagieren Sie zunächst höflich, dann kalt, und schließlich schwören Sie Rache – und führen sie aus.

Mond-Check

Wie weiblich macht mich mein Mond? Sie sind sehr weiblich; beinahe so etwas wie der Inbegriff von Weiblichkeit (so Sie eine Frau sind).
Wie mütterlich macht mich mein Mond? Sie haben gern Kinder und Familie.
Wie gefühlvoll macht mich mein Mond? Sie besitzen ein sehr natürliches und selbstverständliches Gefühlsleben.
Wie intuitiv macht mich mein Mond? Sie sind allen Geschöpfen der Natur sehr nah und beziehen aus der Natur Kraft und Intuition.

Mond in den Zwillingen – HEITER

Mondstärken Gern reden und kontaktieren. Vielseitigkeit, Ausdrucksfähigkeit, Kontakt- und Kommunikationsfreude. Schriftstellerische Begabung. Leichten Zugang zum Seelischen. Andere Menschen intuitiv erfassen. Sich gut darstellen können. Andere überzeugen können

Mondschwächen Oberflächlichkeit. Manipulation. Enttäuschungen

Mit Ihrem Zwillingemond sind Sie ein heiterer, fröhlicher Mensch, der sein Gefühlsleben prima im Griff hat. Besondere Talente besitzen Sie darin, andere zu unterhalten und zwischen Menschen zu vermitteln. Sie werden daher gern von solchen aufgesucht, die allein sind. Über Ihre Gefühle zu reden macht Ihnen keinerlei Probleme. Mit Unausgesprochenem, Erfühltem und Erahntem können Sie wenig anfangen. Das hilft Ihnen zwar, einen klaren Kopf zu bewahren. Aber es entgeht Ihnen auch etwas, nämlich die schöne Erfahrung, sich in Zusammenhänge eingebunden zu erleben, die den eigenen Verstand übersteigen. Sich einfach einmal von den Wogen der Gefühle mitreißen zu lassen und sich ihnen hinzugeben, das sollten Sie ausprobieren.

Ihre Liebesfähigkeit: Auch die Liebe nehmen Sie wie Ihr Leben: leicht und bunt und bar aller Ernsthaftigkeit. Einem Schmetterling gleich flattern Sie von einem Höhepunkt zum nächsten und, wenn sich die Gelegenheit ergibt, auch mal von einem Partner zum anderen. Ihre Unabhängigkeit ist Ihnen so wichtig, daß Sie lieber allein leben, als in einer engen Zweierbeziehung zu ertrinken (wie Sie es nennen).

Mond-Check

Wie weiblich macht mich mein Mond? Das Zeichen Zwillinge ist ein männliches; entsprechend männlich sind auch Sie.

Wie mütterlich macht mich mein Mond? Sie sind absolut kein »Muttertyp«.

Wie gefühlvoll macht mich mein Mond? Sie haben schwer Zugang zu tiefen Gefühlen.

Wie intuitiv macht mich mein Mond? Sie sind sehr intuitiv und berühren leicht Seelisches.

Mond im Krebs – GEFÜHLVOLL

Mondstärken Gern für andere dasein. Die Umwelt atmosphärisch erfassen. Erlebnistiefe. Seelische Beeindruckbarkeit. Naturverbundenheit. Starke unbewußte Kräfte. Mütterlichkeit. Häuslichkeit. Starkes Innenleben. Einfühlungsgabe. Weibliche Logik. Telepathische Fähigkeiten

Mondschwächen Täuschungen. Sich im Unbegriffenen verstricken. Probleme durch gespannte Mutterbeziehung

Sie können scherzen wie ein übermütiges Kind und die Welt mit glänzenden Augen betrachten. Sie können aber auch stumm, scheu, in sich gekehrt, abwesend und wie von einem unsichtbaren Panzer umgeben erscheinen. Wer den Mond im Krebs hat, verändert sich mit dem Wandel dieses Trabanten. Wird seine Sichel schmäler, ziehen Sie sich zurück. Nähert er sich jedoch seiner vollen, strahlenden Gestalt, wächst auch Ihr Mut. Streß und Druck versetzen Sie in Panik. Sie erledigen dann zwar Ihre Arbeit, aber von Ihrer Genialität bleibt wenig übrig.

Ihre Liebesfähigkeit: Die Liebe beherrschen Sie am vollkommensten. Sie sind anschmiegsam und lieben das Behagliche und auch Beharrliche. Um der Liebe willen würden Sie selbst am Nordpol leben; und auch dort wird es dann fein und kuschelig. Natürlich hat soviel Hingabe ihren Preis: Menschen mit dem Mond im Krebs wollen ihren Partner ganz und immer. Kompromisse gibt es nicht.

Mond-Check

Wie weiblich macht mich mein Mond? Der Krebsmond macht Sie extrem weiblich.

Wie mütterlich macht mich mein Mond? Eigene Kinder und eine Familie, für die Sie sorgen können, gehören zum Wichtigsten in Ihrem Leben.

Wie gefühlvoll macht mich mein Mond? Sie haben ein sehr starkes Gefühlsleben.

Wie intuitiv macht mich mein Mond? Ihre Träume und Ihre Intuition haben große Tiefe. Sie verfügen außerdem über große heilerische Fähigkeiten.

Mond im Löwen – STOLZ

Mondstärken Sich gern darstellen. Selbstvertrauen haben. Verantwortung übernehmen können. Künstlerische Kreativität. Ausdruckskraft. Sich für Schwächere einsetzen. Gerechtigkeitsempfinden. Unternehmungsgeist und Risikofreude. Schauspielerische Talente. Andere positiv motivieren können. Repräsentieren können

Mondschwächen Autoritätsprobleme mit weiblichen Vorgesetzten. Anlage zu Theatralik und Cholerik

Sie zeichnen sich durch einen superben Geschmack und eine untrügliche Nase für das Echte aus, sind vital, schöpferisch, originell, und Sie besitzen ein Herz aus purem Gold. In gewisser Weise ähneln Sie ganz dem Löwen, dem König unter den Tieren; auch in Ihren Adern fließt freies, ja königliches Blut. Die Beziehung zum Feuerelement ist ausgesprochen stark. Feuer, Wärme, Sonne sind Ihr Lebenselixier. Sie müssen daher immer wieder in den Süden, um Hitze aufzutanken.

Ihre Liebesfähigkeit: Wer mit Ihnen lebt, muß über ein Thema erhaben sein: Gleichberechtigung. Eine Frau oder ein Mann mit dem Mond im Löwen führen an und bestimmen den Ton. Dafür besitzt man in Ihnen einen Schatz, eine lächelnde Sonne, einen Menschen, der auf der angenehmen und erfolgreichen Seite des Lebens geht. Da muß Ihr Partner schon diesen Einsatz bringen ...

Mond-Check

Wie weiblich macht mich mein Mond? Löwemond-Menschen sind feurig und stark.

Wie mütterlich macht mich mein Mond? Sie spielen gern Mutter und verwöhnen andere.

Wie gefühlvoll macht mich mein Mond? Sie haben spontane, feurige Gefühle, verlieren sie aber auch schnell wieder.

Wie intuitiv macht mich mein Mond? Licht und Wärme nährt Ihre Intuition und führt zu großer Kreativität und Schöpferkraft.

Eine besondere Mondphase beim Mond im Löwen: Neumond

Sie sind in der Neumondphase (zwei Tage vor bis zwei Tage nach Neumond) geboren. Sie sind damit ein besonderer Mensch. Denn in Ihnen ist eine große Sehnsucht nach inniger Nähe zu geliebten Menschen, die Sie in einer erfüllten Partnerschaft zu verwirklichen versuchen.

Füllest wieder Busch und Tal
Still mit Nebelglanz,
Lösest endlich auch einmal
Meine Seele ganz.

Johann Wolfgang von Goethe

Mond in der Jungfrau – FRÖHLICH

Mondstärken Gern organisieren, ordnen, ausführen. Fähigkeit zu gewissenhafter Prüfung. Hochentwickelter Sozialgedanke. Gespür für alle Bereiche, die mit Gesundheit zu tun haben. Zugang zu geheimem Wissen. Feines Gespür. Pflichtgefühl. Konzentrationsfähigkeit. Bewußtsein für Ernährung

Mondschwächen Ungelebte Emotionen manifestieren sich als psychosomatische Störungen

Sie sind äußerst anpassungsfähig. Sie stellen sich nur ungern gegen den Wind, »floaten« lieber und richten sich wie ein leichter Segler nach sanften Brisen. Sie drängeln auch nicht nach vorn. Bescheidenheit gehört zu Ihrem Naturell, und gegen jede Art von Hochstapelei sind Sie richtiggehend allergisch.

Ihre Liebesfähigkeit: Sie haben ein ausgesprochen fröhliches Naturell und trachten danach, Ihr eigenes Leben und das Ihres Partners so angenehm wie möglich zu gestalten. Aus allem das Beste zu machen, darin sind Sie sogar ein unübertroffener Meister. Ihre eigene Stimmung ist oft abhängig von der Ihres Partners. Fühlt er sich glücklich, sind Sie es auch. Was Ihre Treue anbelangt, sind Sie das Spiegelbild Ihres Partners: Was er sich leistet, leisten Sie sich auch. Selten brechen Sie als erste(r) aus. Geschieht es dennoch, ist das garantiert ein Zeichen dafür, daß der Energiefluß zwischen Ihnen und Ihrem Partner nicht mehr stimmt.

Mond-Check

Wie weiblich macht mich mein Mond? Eher mädchenhaft als weiblich (und burschikos beim Mann). Jungfrau ist ein weibliches Zeichen, und entsprechend weiblich sind Sie auch selbst.

Wie mütterlich macht mich mein Mond? Sie können die Aufgaben einer Mutter erfüllen, fühlen sich aber eher zu etwas anderem berufen.

Wie gefühlvoll macht mich mein Mond? Gefühlen gegenüber sind Sie eher mißtrauisch.

Wie intuitiv macht mich mein Mond? Die Natur ist Ihre große Lehrmeisterin. Sie können durch Wissen und Ihre heilenden Gaben ein Segen für andere Menschen werden.

Frau Mond schenkt Geborgenheit, Fruchtbarkeit und Intuition

Mond in der Waage – VERLIEBT

Mondstärken Andere spüren können. Gern unter Leuten sein. Kontaktfreude. Sinn für Ästhetik, Kunst, Schönheit. Verbindend und ausgleichend sein. Gerechtigkeitsliebe
Mondschwächen Sich schlecht entscheiden können. Allein unsicher sein. Antriebsarmut. Überempfindlichkeit

In Ihrer gefühlsmäßigen Stimmung richten Sie sich stark nach der Zuneigung und Sympathie Ihrer Mitmenschen. Ihr großes Bedürfnis nach Harmonie und Ihr Widerwille gegen Streit und Konfrontation kann Sie allerdings dazu verleiten, bestehende Differenzen der äußeren Form zuliebe nicht wahrhaben zu wollen. Das Aushalten und Akzeptieren von derartigen Ecken und Kanten im Leben bringt Sie einer ganzheitlichen Lebenserfahrung näher. Menschen, die selber nicht so ausgeprägt beziehungsorientiert sind, fühlen sich von Ihnen oft angezogen. Nach außen hin wirken Sie stark. Kennt man Sie aber näher, entdeckt man eine sensible Seele, Kinderträume und eine starke Suche nach Harmonie. Sie sind für die hübsche Seite des Lebens geboren. Mit der täglichen Routine hingegen haben Sie Ihre liebe Not.

Ihre Liebesfähigkeit: Sie sind der hingebungsvollste, einfühlsamste, zarteste, bezauberndste Mensch. Trotzdem zweifeln Sie immer zuerst an sich selbst, wenn Disharmonie aufkommt, und geben sich die Schuld an einer gescheiterten Beziehung. Hier sollten Sie lernen, sich stärker abzugrenzen und ruhig etwas egoistischer zu denken.

Mond-Check
Wie weiblich macht mich mein Mond? Er macht Sie zärtlich, einfühlsam und weiblich, jedoch nicht zu weiblich.
Wie mütterlich macht mich mein Mond? Sie können sich Kindern gegenüber schlecht durchsetzen.
Wie gefühlvoll macht mich mein Mond? Sie mögen Stimmungen, haben aber Probleme mit starken Emotionen.
Wie intuitiv macht mich mein Mond? Sie sind sehr sensibel und ungeheuer phantasievoll.

Mond im Skorpion – LEIDENSCHAFTLICH

Mondstärken Hinterfragen und aufdecken.
Im Krisenfall stark werden. Verantwortung übernehmen.
Okkulte, hellseherische, magische Fähigkeiten.
Mit suggestiver Ausstrahlung andere beeindrucken
Mondschwächen Ungelöste Familienproblematiken.
Von der Mutter nicht loskommen. Subtile Herrschsucht

Im Umgang mit Ihren Mitmenschen legen Sie oft eine gewisse Heftigkeit und Unberechenbarkeit an den Tag. Es ist daher für viele nicht leicht, die Motive Ihrer Handlungen nachzuvollziehen. So schwanken manche zwischen Bewunderung und Ablehnung. Man spürt, daß man sich auf große Intensität und Gefühlstiefe einläßt, wenn man eine Beziehung mit Ihnen eingeht. So ist Ihr Lebensstil weniger von äußerlicher Bequemlichkeit geprägt als von Entschlossenheit und Konsequenz.

Ihre Liebesfähigkeit: Ihr Seelenleben quillt über an Emotionen. Höchste Ekstase, teuflische Eifersucht, schmachtendes Sehnen, unüberbietbarer Sex, kosmische Vereinigung – es ist nahezu alles dabei. Darüber hinaus reagieren Sie allergisch auf jede Spur von Routine. Ein Leben mit Ihnen bleibt immer aufregend, und zugleich hat man einen Menschen an seiner Seite, der erst in Krisen richtig stark wird. Eines sollten Ihre Weggefährten noch beherzigen: Sie verzeihen alles, aber vergessen nichts. Wer daher grob Absprachen bricht, erhält, was ein Skorpion nur im äußersten Notfall produziert: martialisches Gift.

Mond-Check
Wie weiblich macht mich mein Mond? Sie besitzen große weibliche Kräfte.
Wie mütterlich macht mich mein Mond? Sie sind eine gute Mutter – auch als Mann.
Wie gefühlvoll macht mich mein Mond? Extrem gefühlvoll und leidenschaftlich.
Wie intuitiv macht mich mein Mond? Sie sind offen für magische Schwingungen und haben manchmal Visionen.

Mond im Schützen – UNABHÄNGIG

Mondstärken Optimistisch, motivierend, begeisterungsfähig, vielseitig. Schauspielerische Begabung. Rhythmus- und Musikgefühl. Im Ausland leben können. Schriftstellerische Talente. Sportliche Fähigkeiten und Interessen
Mondschwächen Überzogene Führungsansprüche. Blauäugigkeit. Naivität

Aus einer meistens optimistischen und lebensbejahenden Grundstimmung heraus lassen Sie sich leicht begeistern und mitreißen. Sie haben hohe Ansprüche und Ideale an sich selbst, aber auch an diejenigen Menschen, die Sie umgeben. Dabei kann es Ihnen passieren, daß Sie leicht einmal ins Schwärmen kommen, den Kontakt mit der konkreten Wirklichkeit verlieren und in Schwierigkeiten geraten. Ihr grundsätzlicher Optimismus bewahrt Sie aber davor, in Problemen zu versinken. Zwischen Hoffnung und Erfüllung lebend, entwachsen Sie nie ganz dem kindlichen Land Phantasia und suchen in der Welt die Erfüllung Ihrer Träume. Am stärksten werden Sie, wenn es darum geht, andere zu überzeugen und mitzureißen.

Ihre Liebesfähigkeit: Zuallererst brauchen Sie einen Partner, der Ihre Unabhängigkeit bewundert und Sie nicht einengt. Zweitens darf Ihr Partner nicht narzißtisch sein, denn Sie sind schonungslos offen; er muß die Wahrheit schon ertragen können. Drittens braucht Ihr Partner geistige Größe (Sie haben Sie schließlich auch), denn für Sie ist Liebe viel mehr als eine Bettgeschichte, nämlich ein Zusammentreffen von Körper, Geist und Seele.

Mond-Check
Wie weiblich macht mich mein Mond? Auch als Frau stehen Sie leicht Ihren Mann.
Wie mütterlich macht mich mein Mond? Sie haben etwas gegen zuviel Mütterlichkeit.
Wie gefühlvoll macht mich mein Mond? Sie sind feurig, ekstatisch – aber nicht gerade gefühlvoll.
Wie intuitiv macht mich mein Mond? Sie verfügen über eine große Intuition und Seelenstärke.

Mond im Steinbock – SELBSTÄNDIG

Mondstärken Klares Gefühlsleben. Selbstbeherrschung und Pflichtbewußtsein. Streben nach Objektivität und Klarheit. Ernsthaftigkeit. Liebe zu Beruf und Karriere. Suche nach sozialer oder politischer Verantwortung

Mondschwächen Sich selbst zu negativ sehen. Abhängigkeit von beruflichem Erfolg. Gefühlskontrolle

Der erste Eindruck von Ihnen ist oft der eines kühlen Menschen. Aber unter dem Hauch von Frostigkeit wartet ein warmes, anschmiegsames Geschöpf. Ihre weiche Seele zeigen Sie jedoch nur denjenigen, die Ihren hohen Ansprüchen genügen. Ihr Leben nehmen Sie selbst in die Hand. Sie brauchen einen Beruf und keinen Job und sollten daher eine qualifizierte Ausbildung anstreben. Diese wird sich auszahlen, denn mit dem Mond im Steinbock haben Sie die richtigen Voraussetzungen für Erfolg und Karriere.

Ihre Liebesfähigkeit: Die Behauptung, Sie seien abweisend und kalt, stammt garantiert von Personen, die bei Ihnen nicht landen konnten. Sie jedenfalls suchen auch beim Thema Liebe das Besondere, möchten auch hier Gipfel erleben. Aber Sie haben Ihre Gefühle im Griff, stehen über ihnen und mögen es nicht, wenn Menschen sich von den Launen ihrer Gefühle abhängig machen. Große Taten vollbringen Sie selbst, an Ihrem Traumpartner reizt Sie das andere; Sie erwarten Seelentiefe und – ganz im Gegenteil zu sich selbst – ein fast kindliches Gemüt. Auch das Rätselhafte übt einen magnetischen Einfluß auf Sie aus.

Mond-Check

Wie weiblich macht mich mein Mond? Sie sind sehr weiblich, auch ohne es nach außen hin deutlich zu zeigen.
Wie mütterlich macht mich mein Mond? Auch Ihre Mütterlichkeit ist ausgeprägt. Aber Sie wollen ebenso Karriere machen.
Wie gefühlvoll macht mich mein Mond? Sie verdrängen unliebsame Gefühle, was diese nur noch stärker macht.
Wie intuitiv macht mich mein Mond? Sie haben Zugang zu Wahrträumen.

Mond im Wassermann – FREI

Mondstärken Sozial, human, aufgeschlossen. Ungebunden. Veränderungsliebe. Reisefreude. Erfindungsgabe. Intuitionskraft. Vorurteilslosigkeit. Reformwillen
Mondschwächen Zwanghaft antiautoritäres Denken und Handeln. Verwirrtheit

Wenn Sie wollen, beherrschen Sie die feinsten gesellschaftlichen Umgangsformen, aber Sie können auch gegen jede Regel verstoßen. Jedenfalls sind Sie stets für eine Überraschung gut und lassen sich nicht in Normen pressen. Sie wollen, ja, müssen anders sein als alle anderen. Eine kreative Tätigkeit entspricht Ihrer Veranlagung. Dagegen werden Sie mit dem Frust, den das Leben bringt, schlecht fertig. Allem Neuen gegenüber zeigen Sie sich enthusiastisch. Aber Ihr Interesse erlischt auch schnell wieder. Sie müssen daher lernen, am Ball zu bleiben.

Ihre Liebesfähigkeit: Ihr Liebesleben ist widersprüchlich. Auf der einen Seite spielen Sie mit dem Feuer, haben das Flirten für Ihr Leben gern und sind bereit, sich auch in eine aussichtslose Beziehung einzulassen, wenn diese nur genügend Aufregung verspricht. Auf der anderen Seite können Sie völlig ohne Sexualität auskommen. Das liegt daran, daß Sie mit dem Mond im Wassermann hohe und ausgesprochen idealistische Ansprüche an die Liebe stellen. Tief in Ihrer Seele empfinden Sie sich als Engel und streben nach einer geistigen, beinah überirdischen Liebe, bei der das Körperliche nur noch eine Nebenrolle spielt.

Mond-Check
Wie weiblich macht mich mein Mond? Der Wassermannmond hebt Sie beinahe über die Unterscheidung männlich–weiblich: Beide Seiten sind Ihnen sehr vertraut.
Wie mütterlich macht mich mein Mond? Sie sind der beste Gefährte und Freund aller Kinder, aber absolut kein Muttertyp.
Wie gefühlvoll macht mich mein Mond? Tiefen Gefühlen gegenüber sind Sie mißtrauisch.
Wie intuitiv macht mich mein Mond? Sie haben häufig Offenbarungsträume, in denen Sie Hinweise für Ihren Lebensweg erhalten.

Eine besondere Mondphase beim Mond im Wassermann: Vollmond

Sie sind in der Vollmondphase (zwei Tage vor bis zwei Tage nach dem Vollmond) geboren und damit ein besonderer Mensch. Denn Sie tragen in sich die lebendige Spannung zwischen Mann und Frau am deutlichsten. Das führt zu einem reichen und faszinierenden Beziehungsleben. Es kann aber auch große Konflikte für Partnerschaft und Liebe bringen.

Schau, der goldene Mond dort:
Er ißt Pomeranzen,
Schalen, die er fortwirft,
auf dem Wasser tanzen.

Spanischer Kinderreim

Mond in den Fischen – MYSTERIÖS

Mondstärken Mediale Fähigkeiten. Heilerische Qualitäten. Kraft durch Glauben. Sensibilität beruflich nutzen können (zum Beispiel als Heilpraktiker). Liebe für andere, Liebe zur Schöpfung. Sich auf instinkthaftes Gespür verlassen können

Mondschwächen Wirre Phantasievorstellungen. Unsicherheit. Bindungslosigkeit

Sie sind vielschichtig und widersprüchlich: Sie können in einer Woge des Mitgefühls für die gesamte Schöpfung schwimmen, aber manchmal stehen Sie abgehoben und einsam über dem Rest der Welt. Sie verfügen über feinste Antennen, erahnen sogar die Gedanken anderer, und dann wieder stapfen Sie bereitwillig in jedes nur erdenkliche Fettnäpfchen. Ihre Intuition ist ungeheuer. Manche unter Ihnen ahnen in ihren Träumen zukünftige Ereignisse voraus. Auch als Heiler und Helfer vollbringen Sie beinahe Wunder. Wie mit einem sechsten Sinn behaftet, spüren Sie, was einem anderen fehlt. Sie müssen sich aber auch schützen, denn Sorgen und Probleme springen nur allzu leicht von anderen auf Sie selbst über.

Ihre Liebesfähigkeit: Es ist leicht, sich in Sie zu verlieben, denn Sie locken und verführen mit einem sphinxartig-unergründlichen Wesen. Jeder fühlt sich verstanden und erlöst von seiner Einsamkeit. Die Partnerschaft mit Ihnen ist jedoch eine ganz andere Sache. Wer sie eingeht, beherrscht früher oder später die Quadratur des Kreises. Sie sind nicht nur ein schillerndes und anmutiges, sondern auch ein äußerst widersprüchliches Geschöpf. Hält Ihr Partner dies aus, werden Sie ihm aber viel Glück, Freude und Segen bringen.

Mond-Check

Wie weiblich macht mich mein Mond? Sie sind äußerst weiblich, können diese Seite aber auch vollkommen verstecken und verdrängen.
Wie mütterlich macht mich mein Mond? Sie fühlen sich als Mutter der gesamten Schöpfung.
Wie gefühlvoll macht mich mein Mond? Sie sind ungeheuer gefühlvoll.
Wie intuitiv macht mich mein Mond? Unter allen Mondstellungen sind Sie am intuitivsten.

Das Merkurhoroskop –
SCHLAU, KOMMUNIKATIV UND GÖTTLICH BERATEN SEIN

Der römische Gott Merkur entspricht ganz dem Hermes der griechischen Mythologie. Er war ein äußerst schillernder Gott, ausgestattet mit zahlreichen Eigenschaften und Funktionen. Respekt und Bewunderung erwarb er sich durch Klugheit und Raffinesse. So stahl er – gerade erst als Sohn des Jupiter und der Nymphe Maia geboren – dem Gott Apoll eine Rinderherde. Von diesem zur Rede gestellt, spielte er auf einem mit Fell und Saiten versehenen Schildkrötenpanzer derart gekonnt auf, daß Apolls Zorn verflog und er ihm die Rinder im Tausch gegen das Musikinstrument überließ. »Ganz nebenbei« hatte Merkur auf diese Weise die Lyra »erfunden«, jenes zauberhafte Instrument, mit dem später Orpheus Menschen wie Götter verzauberte.
Gott Merkur war also klug und listig – und genau diese Fähigkeit verleiht er auch uns Menschen. Er macht beredt, erfinderisch und verhilft einem auch mal zu einer guten Ausrede. Seiner listigen Eigenschaften wegen wurde er zum Gott der Kaufleute, Diebe und Bänkelsänger. Seine Fröhlichkeit machte ihn zum Schutzpatron all derjenigen, die auf heiteren Wegen wandeln. Und sein Diebstahl der Kühe ließ ihn selbstredend zum Gedeihen der Viehherden beitragen. Infolge seiner Lust am Reden und seines Talents, sich allemal in ein günstiges Licht zu setzen, wurde er der göttliche Freund all derer, die viel sprechen, schreiben und auf der Bühne stehen: Dichter, Sänger, Schauspieler, Politiker, Talkmaster, Ansager, Komiker, Artisten oder Musiker. Wie wir denken, reden, kommunizieren, uns darstellen und uns verkaufen, das alles verrät die Position Merkurs in unserem Horoskop. Er verkörpert unsere unbeschwerte Seite und den leichtesten Weg, den man gehen kann.
Aber Merkur hat noch mehr auf Lager: Bei den Griechen galt er als Diener Jupiters und als Götterbote, der zwischen dem Olymp, dem Wohnort der Unsterblichen, und den Menschen drunten auf der Erde vermittelte. Und er begleitete auch die Seelen der Verstorbenen in die Unterwelt. Er besaß geflügelte Sandalen und einen geflügelten Hut, damit er rasch hin und her eilen konnte. Ein weiteres Attribut war sein Heroldsstab, der Kerykeion, ein Zauberstab.

Hermes überbrachte also den Willen seines Vaters Zeus. So führte er zum Beispiel in dessen Auftrag Hera, Athene und Aphrodite zum Idagebirge, wo Paris den goldenen Apfel der – seiner Wahl nach – schönsten der Frauen überreichen sollte. Seine Entscheidung für Aphrodite, die ihm dafür Helena versprochen hatte, löste später bekanntlich den Trojanischen Krieg aus.
Tatsächlich fungiert Merkur auch in der Astrologie als eine Art »Empfangs- und Sendestation«. Wo er sich in unserem Horoskop befindet, sind uns die Götter besonders nah und übermitteln uns ihre Botschaften und Nachrichten. Umgekehrt können wir dort die Götter am ehesten erreichen.
Merkur ist der sonnennächste Planet. Er zieht seine Kreise um unser Zentralgestirn so eng, daß er sich nie mehr als ein Zeichen von der Sonne entfernen kann. Das führt auch dazu, daß in vielen Horoskopen Merkur die gleiche Tierkreiszeichenposition einnimmt wie die Sonne.

DIE ERMITTLUNG DES MERKURZEICHENS

Suchen Sie in der folgenden Merkurtabelle Ihren Geburtstag und entnehmen Sie Ihre Merkurposition, die Sie auf den entsprechenden Text im anschließenden Kapitel über Ihr Merkurzeichen verweist. (Siehe auch die Vorbemerkung am Beginn von Teil II dieses Buches.)

Die Merkurtabelle

1920* 22.7.–2.8. Löwe, 3.8.–9.8. Krebs, 10.8.–24.8. Löwe, **1921** 22.7.–7.8. Krebs, 8.8.–22.8. Löwe, 23.8.–24.8. Jungfrau, **1922** 22.7.–30.7. Krebs, 1.8.–14.8. Löwe, 15.8.–24.8. Jungfrau, **1923** 22.7. Krebs, 23.7.–6.8. Löwe, 7.8.–24.8. Jungfrau, **1924** 22.7.–29.7. Löwe, 30.7.–24.8. Jungfrau, **1925** 22.7.–25.7. Löwe, 26.7.–24.8. Jungfrau, **1926** Löwe, **1927** 22.7.–11.8. Krebs, 12.8.–24.8. Löwe, **1928** 22.7.–4.8. Krebs, 5.8.–18.8. Löwe, 19.8.–24.8. Jungfrau, **1929** 22.7.–26.7. Krebs, 27.7.–10.8.

* Siehe auch die Anmerkung zur Mondtabelle.

Löwe, 11.8.–24.8. Jungfrau, **1930** 22.7.–3.8. Löwe, 4.8.–24.8. Jungfrau, **1931** 22.7.–28.7. Löwe, 29.7.–24.8. Jungfrau, **1932** 22.7.–27.7. Löwe, 28.7.–10.8. Jungfrau, 11.8.–24.8. Löwe, **1933** Löwe, **1934** 22.7.–8.8. Krebs, 9.8.–24.8. Löwe, **1935** 22.7.–1.8. Krebs, 2.8.–16.8. Löwe, 17.8.–24.8. Jungfrau, **1936** 22.7. Krebs, 23.7.–7.8. Löwe, 8.8.–24.8. Jungfrau, **1937** 22.7.–31.7. Löwe, 1.8.–24.8. Jungfrau, **1938** 22.7.–26.7. Löwe, 27.7.–24.8. Jungfrau, **1939** Löwe, **1940** 22.7.–11.8. Krebs, 12.8.–24.8. Löwe, **1941** 22.7.–6.8. Krebs, 7.8.–20.8. Löwe, 21.8.–24.8. Jungfrau, **1942** 22.7.–28.7. Krebs, 29.7.–12.8. Löwe, 13.8.–24.8. Jungfrau, **1943** 22.7.–4.8. Löwe, 5.8.–24.8. Jungfrau, **1944** 22.7.–28.7. Löwe, 29.7.–24.8. Jungfrau, **1945** 22.7.–26.7. Löwe, 27.7.–17.8. Jungfrau, 18.8.–24.8. Löwe, **1946** Löwe, **1947** 22.7.–10.8. Krebs, 11.8.–24.8. Löwe, **1948** 22.7.–1.8. Krebs, 2.8.–16.8. Löwe, 17.8.–24.8. Jungfrau, **1949** 22.7.–24.7. Krebs, 25.7.–8.8. Löwe, 9.8.–24.8. Jungfrau, **1950** 22.7.–1.8. Löwe, 2.8.–24.8. Jungfrau, **1951** 22.7.–26.7. Löwe, 27.7.–24.8. Jungfrau, **1952** Löwe, **1953** 22.7.–28.7. Löwe, 29.7.–11.8. Krebs, 12.8.–24.8. Löwe, **1954** 22.7.–6.8. Krebs, 7.8.–22.8. Löwe, 23.8.–24.8. Jungfrau, **1955** 22.7.–30.7. Krebs, 31.7.–13.8. Löwe, 14.8.–24.8. Jungfrau, **1956** 22.7.–5.8. Löwe, 6.8.–24.8. Jungfrau, **1957** 22.7.–29.7. Löwe, 30.7.–24.8. Jungfrau, **1958** 22.7.–25.7. Löwe, 26.7.–23.8. Jungfrau, 24.8. Löwe, **1959** Löwe, **1960** 22.7.–9.8. Krebs, 10.8.–24.8. Löwe, **1961** 22.7.–3.8. Krebs, 4.8.–18.8. Löwe, 19.8.–24.8. Jungfrau, **1962** 22.7.–26.7. Krebs, 27.7.–10.8. Löwe, 11.8.–24.8. Jungfrau, **1963** 22.7.–2.8. Löwe, 3.8.–24.8. Jungfrau, **1964** 22.7.–26.7. Löwe, 27.7.–24.8. Jungfrau, **1965** 22.7.–31.7. Löwe, 1.8.–3.8. Jungfrau, 4.8.–24.8. Löwe, **1966** Löwe, **1967** 22.7.–8.8. Krebs, 9.8.–23.8. Löwe, 24.8. Jungfrau, **1968** 22.7.–30.7. Krebs, 31.7.–14.8. Löwe, 15.8.–24.8. Jungfrau, **1969** 22.7. Krebs, 23.7.–6.8. Löwe, 7.8.–24.8. Jungfrau, **1970** 22.7.–30.7. Löwe, 31.7.–24.8. Jungfrau, **1971** 22.7.–26.7. Löwe, 27.7.–24.8. Jungfrau, **1972** Löwe, **1973** 22.7.–10.8. Krebs, 11.8.–24.8. Löwe, **1974** 22.7.–4.8. Krebs, 5.8.–19.8. Löwe, 20.8.–24.8. Jungfrau, **1975** 22.7.–27.7. Krebs, 28.7.–11.8. Löwe, 12.8.–24.8. Jungfrau, **1976** 22.7.–3.8. Löwe, 4.8.–24.8. Jungfrau, **1977** 22.7.–27.7. Löwe, 28.7.–24.8. Jungfrau, **1978** 22.7.–26.7. Löwe, 27.7.–13.8. Jungfrau, 14.8.–24.8. Löwe, **1979** Löwe, **1980** 22.7.–8.8. Krebs,

9.8.–24.8. Löwe, **1981** 22.7.–1.8. Krebs, 2.8.–15.8. Löwe, 16.8.–24.8. Jungfrau, **1982** 22.7.–23.7. Krebs, 24.7.–8.8. Löwe, 9.8.–24.8. Jungfrau, **1983** 22.7.–31.7. Löwe, 1.8.–24.8. Jungfrau, **1984** 22.7.–25.7. Löwe, 26.7.–24.8. Jungfrau, **1985** Löwe, **1986** 22.7.–23.7. Löwe, 24.7.–11.8. Krebs, 12.8.–24.8. Löwe, **1987** 22.7.–6.8. Krebs, 7.8.–21.8. Löwe, 22.8.–24.8. Jungfrau, **1988** 22.7.–28.7. Krebs, 29.7.–12.8. Löwe, 13.8.–24.8. Jungfrau, **1989** 22.7.–4.8. Löwe, 5.8.–24.8. Jungfrau, **1990** 22.7.–28.7. Löwe, 29.7.–24.8. Jungfrau, **1991** 22.7.–25.7. Löwe, 26.7.–18.8. Jungfrau, 19.8.–24.8. Löwe, **1992** Löwe, **1993** 22.7.–9.8. Krebs, 10.8.–24.8. Löwe, **1994** 22.7.–2.8. Krebs, 3.8.–17.8. Löwe, 18.8.–24.8. Jungfrau, **1995** 22.7.–24.7. Krebs, 25.7.–9.8. Löwe, 10.8.–24.8. Jungfrau, **1996** 22.7.–31.7. Löwe, 1.8.– 24.8. Jungfrau, **1997** 22.7.–26.7. Löwe, 27.7.–24.8. Jungfrau, **1998** Löwe, **1999** 22.7.–31.7. Löwe, 1.8.–11.8. Krebs, 12.8.–24.8. Löwe, **2000** 22.7.–6.8. Krebs, 7.8.–21.8. Löwe, 22.8.–24.8. Jungfrau, **2001** 22.7.–29.7. Krebs, 30.7.–13.8. Löwe, 14.8.–24.8. Jungfrau, **2002** 22.7.–5.8. Löwe, 6.8.–24.8. Jungfrau, **2003** 22.7.–29.7. Löwe, 30.7.–24.8. Jungfrau

Merkur im Krebs – GEFÜHLVOLLES DENKEN

Merkurstärken Gefühlvolles, tiefes, ganzheitliches Denken
Merkurschwächen Subjektiv sein

Sie denken »mit dem Bauch«, Ihre Gefühle mischen sich unter Ihr Denken und färben es subjektiv. Zu welchen Schlüssen Sie kommen und welche Ideen Sie kreieren, hängt davon ab, was Sie gerade erleben, wie Sie sich fühlen. Erwartungsgemäß wecken Sie damit bei anderen Menschen (meistens Männern) Kritik und Ablehnung. Man hält Ihnen vor, nicht geradlinig, logisch, abstrakt oder neutral zu denken. Aber aus einer übergeordneten und ganzheitlichen Sicht ist Ihre Art völlig okay. Eine Welt nur aus logisch oder empirisch denkenden Menschen wäre unsinnig, überaus langweilig und eintönig. Auch die Wissenschaft beschäftigt sich heutzutage mit dem emotionalen Denken und stellt den davon abgeleiteten Fachbegriff »EQ« (emotionaler Quotient) gleichwertig neben den schon viel länger bekannten »IQ« (Intelligenzquotient).
Emotionales Denken ist insofern wichtig, als es mit instinktivem Wissen einhergeht. Sie verfügen über einen Zugang zu Erfahrungen und Erinnerungen, die sich im Lauf der Entwicklung der Menschheit angesammelt haben. Das läßt Sie weise, zuweilen sogar »allwissend« sein. Stehen Sie daher ruhig zu Ihrer Person und Ihrer Art zu denken. Sie ist wichtig und ergänzt sich mit den anderen Denkstrukturen. Dabei sollten Sie allerdings Offenheit zeigen und Ihren Mitmenschen gegenüber nicht auf Ihrem Denkstil als dem einzig wahrhaftigen beharren.
Auch Ihr Sozialverhalten wird stark von Ihren Gefühlen bestimmt. Geht es Ihnen gut, kennen Sie keinerlei Probleme, auf andere zuzugehen. Sind Sie in schlechter Verfassung, wollen Sie niemanden sehen.

Merkur-Check
Wie leicht fällt es mir, Kontakt zu schließen? Menschen gegenüber, die ich nicht gut kenne, bin ich eher zurückhaltend.
Was bringt mich »den Göttern« näher? Bei mir sein, mich ausdrücken können, von anderen verstanden werden.

Merkur im Löwen – KREATIVES DENKEN

Merkurstärken Inspirationen, Ideen und kreative Einfälle haben
Merkurschwächen Unsensibel und überheblich sein

Ihr Denken ist nicht logisch und auch nicht unbedingt von Erfahrungen getragen. Merkur im Löwen verhilft Ihnen zu Ideen und Inspirationen, die Ihnen aus der Luft, dem Nichts zuzufallen scheinen. Wenn Sie beginnen, Ihre Argumente zu begründen, geraten Sie in Schwierigkeiten. Und eigentlich gibt es bei Eingebungen auch nichts zu begründen. Es ist eine eigene, in sich stimmige Art, die Welt zu erfahren und zu verarbeiten. Aber es ist nicht die einzige: Andere Merkurpositionen bewirken eine andere Art zu denken. Erst die verschiedenen Möglichkeiten zusammengenommen sind wahrhaftig oder universell, jede für sich aber spiegelt immer nur einen Teilaspekt wider.
Merkur im Löwen verhilft Ihnen auch zu einem selbstbewußten Auftreten. Sie sind dermaßen von sich überzeugt, daß es Ihnen gar nicht in den Sinn kommt, anderen eine gleichwertige Position einzuräumen. Wenn es darum geht, sich durchzusetzen, einen guten Eindruck zu hinterlassen, anderen voraus und überlegen zu sein, ist Ihre Art goldrichtig. Aber wenn man zusammenkommt und sich unterhalten möchte, sind Sie (gewohnheitsmäßig) ebenso forsch. Das führt häufig dazu, daß sich andere schnell »überfahren« fühlen, still werden, sich zurückziehen oder mit Ihnen einen Streit beginnen. In dieser Beziehung müssen Sie noch dazulernen, sich um mehr Toleranz und weniger Ichbezogenheit bemühen.

Merkur-Check
Wie leicht fällt es mir, Kontakt zu schließen? Ich wirke selbstsicher und komme gut bei anderen an.
Was bringt mich »den Göttern« näher? Keine Verpflichtung haben, tun und lassen können, was mir gefällt, lieben und geliebt werden.

Merkur in der Jungfrau – AKKURATES DENKEN

Merkurstärken Sachliches, analytisches und behutsames Denken
Merkurschwächen Wankelmütig und leicht ablenkbar sein

Ihr Denken ist sachlich, genau und praktisch. Sie beziehen sich – ähnlich wie der Stier – in Ihren Überlegungen auf gemachte Erfahrungen oder solche, die von zuverlässigen Leuten stammen. Das verleiht Ihnen Sicherheit und Glaubwürdigkeit. Obendrein führt Merkur in der Jungfrau dazu, fehlerorientiert vorzugehen: Was gut und richtig ist, dem schenken Sie wenig Aufmerksamkeit, dafür verfolgen Sie mit Argusaugen jede Unregelmäßigkeit und finden Fehler meistens zuerst. Für Inspektionen, Korrekturen, wissenschaftliches Arbeiten und überall sonst, wo es gilt, Fehler zu vermeiden, sind Sie unübertrefflich. Aber Ihr Merkur in der Jungfrau hat auch Schattenseiten: Ihre überkritische, unter Umständen sogar pessimistische Art macht Ihnen nicht nur Freunde. Hierbei sollten Sie sich etwas kontrollieren, damit Sie nicht den Stempel »Meckertante« bzw. »-fritze« aufgedrückt bekommen.
Auf andere Menschen zuzugehen fällt Ihnen nicht leicht. Sie sind eher schüchtern. Das rührt natürlich auch daher, daß Sie keine Fehler machen möchten.
Was Ihnen guttut, sind Menschen, die emotionaler und nicht so auf Fehler fixiert sind. Seien Sie mutig und wählen Sie Freunde, die (aus Ihrer Sicht) dazu neigen, Fehler zu machen.

Merkur-Check
Wie leicht fällt es mir, Kontakt zu schließen? Ich bin schüchtern und vorsichtig, um Fehler zu vermeiden.
Was bringt mich »den Göttern« näher? Alle Pflichten erledigt haben, anerkannt werden, gut sein.

…roskop –
…ESFÄHIGKEIT

Venuszeichen

Kurz nach Sonnenuntergang – der Westen badet sich noch in goldenem Rot, im Osten kündet ein stahlblauer Himmel die heraufziehende Nacht an – kann man sie sehen, die Venus. Sie ist so hell, daß man sie manchmal mit den Lichtern eines Flugzeugs verwechselt. Und in Gegenden, die nicht künstlich erleuchtet sind, überkommt den Betrachter bei ihrem Anblick fast das Gefühl einer außerirdischen Begegnung. Der Tag geht zur Ruhe, Venus läutet den Feierabend ein, jene Zeit, die weder der Arbeit noch dem Schlaf gehört, vielmehr der Muße – und der Liebe.

Aber Venus verzaubert nicht nur den Abend, sondern auch den Morgen. Denn die Hälfte des Jahres läuft sie, wie wir es von der Erde aus sehen, der Sonne nach, sie steht dann als Venus des Abends nach Sonnenuntergang noch einige Zeit am Abendhimmel. Die andere Hälfte jedoch läuft sie der Sonne voraus und steigt als Venus des Morgens vor der Sonne über den östlichen Horizont als strahlende Botin des neuen Tages.

Venus oder die griechische Entsprechung Aphrodite trug den Namen »Schaumgeborene«: Dem Mythos nach hat Kronos (Saturnus), der Vater des Zeus, das Zeugungsglied seines Vaters Uranos ins Meer geworfen. Aus dem Schaum, der sich dabei bildete, ist die Göttin der Schönheit entstanden (griechisch *aphrós* = »Schaum«).

Sie galt als die fruchtbare Göttin des blühenden Frühlings und der überströmenden Frühlingslust. Sie war die Beschützerin der Gärten, Blumen und Lusthaine. Ihre Lieblingsgewächse waren Myrten, Rosen und Lilien, ihre Frucht der Apfel, ihre bevorzugten Tiere waren Widder, Böcke, Hasen, Tauben und die bunten Schmetterlinge. Vor allem aber war Venus/Aphrodite eine Frau, deren unvergleichliche Schönheit die Männer betörte. Man fand schier kein Ende, all ihre Reize aufzuzählen: göttlicher Wuchs, strahlende Augen, verlockender Blick, rosenknospiger Mund, zierliche Ohren, reizender Busen und, und, und ...

Im Vergleich dazu sah ihr häßlicher, hinkender Ehemann Hephaistos, der Gott des Erdfeuers und Schutzgott der Schmiedekunst, ziemlich alt aus, wie man heute sagen würde. Sie nutzte denn auch jede Gelegenheit zu einem Seitensprung. Der bekannteste (und folgenreichste) war wohl jener mit Mars, dem Amor, der spitzbübische Junge mit den heimtückischen Liebespfeilen, sein Leben verdankte.

Die schöne Venus bekam ein würdiges Denkmal am Himmel; der hellste Stern wurde nach ihr benannt. Je nach Position kündet er als Abendstern den Feierabend, vor Sonnenaufgang die nahende Morgenröte an.

»Venus« ist in der Symbolsprache ein anderes Wort für »Liebe, Lust, Zärtlichkeit, Leidenschaft, Zweisamkeit, Anziehung, Nähe, Knistern, Flirten, Sehnsucht, Verschmelzung, Sinnlichkeit« und dergleichen mehr. Aber jede Venusposition in den Tierkreiszeichen gibt all diesen Facetten der Liebe eine andere Färbung, ein bestimmtes Gewicht, einen individuellen Glanz. Da müssen Sie Ihre persönliche Venus einfach näher kennenlernen!

DIE ERMITTLUNG DES VENUSZEICHENS

In der Venustabelle finden Sie ganz einfach Ihre Venusposition, indem Sie Ihren Geburtstag suchen. Dahinter ist das Tierkreiszeichen vermerkt, in dem Ihre Venus steht. Dann brauchen Sie nur noch den entsprechenden Abschnitt im anschließenden Text nachzulesen. (Siehe auch die Vorbemerkung am Beginn von Teil II dieses Buches.)

Die Venustabelle

1920* 22.7.–11.8. Löwe, 12.8.–24.8. Jungfrau, **1921** 22.7.–5.8. Zwillinge, 6.8.–24.8. Krebs, **1922** 22.7.–9.8. Jungfrau, 10.8.–24.8. Waage, **1923** 22.7.–3.8. Krebs, 4.8.–24.8. Löwe, **1924** Krebs, **1925** 22.7.–27.7. Löwe, 28.7.–21.8. Jungfrau, 22.8.–24.8. Waage, **1926** 22.7.–23.7. Zwillinge, 24.7.–17.8. Krebs, 18.8.–24.8. Löwe, **1927** Jungfrau, **1928** 22.7.–11.8. Löwe, 12.8.–24.8. Jungfrau, **1929** 22.7.–4.8. Zwillinge, 5.8.–24.8. Krebs, **1930** 22.7.–9.8. Jungfrau, 10.8.–24.8. Waage, **1931** 22.7.–2.8. Krebs, 3.8.–24.8. Löwe, **1932** 22.7.–28.7. Zwillinge, 29.7.–24.8. Krebs, **1933** 22.7.–27.7. Löwe, 28.7.–21.8. Jungfrau, 22.8.–24.8. Waage, **1934** 22.7.–23.7. Zwillinge, 24.7.–17.8. Krebs, 18.8.–24.8. Löwe, **1935** Jungfrau, **1936** 22.7.–10.8. Löwe, 11.8.–24.8. Jungfrau, **1937** 22.7.–4.8. Zwillinge, 5.8.–24.8. Krebs, **1938** 22.7.–9.8. Jungfrau, 10.8.–24.8. Waage, **1939** 22.7.–2.8. Krebs, 3.8.–24.8. Löwe, **1940** 22.7.–1.8. Zwillinge, 2.8.–24.8. Krebs, **1941** 22.7.–26.7. Löwe, 27.7.–20.8. Jungfrau, 21.8.–24.8. Waage, **1942** 22.7. Zwillinge, 23.7.–16.8. Krebs, 17.8.–24.8. Löwe, **1943** Jungfrau, **1944** 22.7.–10.8. Löwe, 11.8.–24.8. Jungfrau, **1945** 22.7.–3.8. Zwillinge, 4.8.–24.8. Krebs, **1946** 22.7.–8.8. Jungfrau, 9.8.–24.8. Waage, **1947** 22.7.–1.8. Krebs, 2.8.–24.8. Löwe, **1948** 22.7.–2.8. Zwillinge, 3.8.–24.8. Krebs, **1949** 22.7.–26.7. Löwe, 27.7.–20.8. Jungfrau, 21.8.–24.8. Waage, **1950** 22.7. Zwillinge, 23.7.–16.8. Krebs, 17.8.–24.8. Löwe, **1951** Jungfrau, **1952** 22.7.–9.8. Löwe, 10.8.–24.8. Jungfrau, **1953** 22.7.–3.8. Zwillinge, 4.8.–24.8. Krebs, **1954** 22.7.–8.8. Jungfrau, 9.8.–24.8. Waage, **1955** 22.7.–31.7. Krebs, 1.8.–24.8. Löwe, **1956** 22.7.–3.8. Zwillinge, 4.8.–24.8. Krebs, **1957** 22.7.–25.7. Löwe,

* Siehe auch die Anmerkung zur Mondtabelle.

26.7.–19.8. Jungfrau, 20.8.–24.8. Waage, **1958** 22.7.–15.8. Krebs, 16.8.–24.8. Löwe, **1959** Jungfrau, **1960** 22.7.–8.8. Löwe, 9.8.–24.8. Jungfrau, **1961** 22.7.–3.8. Zwillinge, 4.8.–24.8. Krebs, **1962** 22.7.–8.8. Jungfrau, 9.8.–24.8. Waage, **1963** 22.7.–31.7. Krebs, 1.8.–24.8. Löwe, **1964** 22.7.–4.8. Zwillinge, 5.8.–24.8. Krebs, **1965** 22.7.–25.7. Löwe, 26.7.–19.8. Jungfrau, 20.8.–24.8. Waage, **1966** 22.7.–15.8. Krebs, 16.8.–24.8. Löwe, **1967** Jungfrau, **1968** 22.7.–8.8. Löwe, 9.8.–24.8. Jungfrau, **1969** 22.7.– 2.8. Zwillinge, 3.8.–24.8. Krebs, **1970** 22.7.–7.8. Jungfrau, 8.8.–24.8. Waage, **1971** 22.7.–30.7. Krebs, 31.7.–24.8. Löwe, **1972** 22.7.–5.8. Zwillinge, 6.8.–24.8. Krebs, **1973** 22.7.–24.7. Löwe, 25.7.–18.8. Jungfrau, 19.8.–24.8. Waage, **1974** 22.7.–14.8. Krebs, 15.8.–24.8. Löwe, **1975** Jungfrau, **1976** 22.7.–7.8. Löwe, 8.8.–24.8. Jungfrau, **1977** 22.7.–2.8. Zwillinge, 3.8.–24.8. Krebs, **1978** 22.7.–7.8. Jungfrau, 8.8.–24.8. Waage, **1979** 22.7.–30.7. Krebs, 31.7.–23.8. Löwe, 24.8. Jungfrau, **1980** 22.7.–6.8. Zwillinge, 7.8.–24.8. Krebs, **1981** 22.7.–24.7. Löwe, 25.7.–18.8. Jungfrau, 19.8.–24.8. Waage, **1982** 22.7.–14.8. Krebs, 15.8.–24.8. Löwe, **1983** Jungfrau, **1984** 22.7.–7.8. Löwe, 8.8.–24.8. Jungfrau, **1985** 22.7.–1.8. Zwillinge, 2.8.–24.8. Krebs, **1986** 22.7.–7.8. Jungfrau, 8.8.–24.8. Waage, **1987** 22.7.–29.7. Krebs, 30.7.–23.8. Löwe, 24.8. Jungfrau, **1988** 22.7.–6.8. Zwillinge, 7.8.–24.8. Krebs, **1989** 22.7.–23.7. Löwe, 24.7.–17.8. Jungfrau, 18.8.–24.8. Waage, **1990** 22.7.–13.8. Krebs, 14.8.–24.8. Löwe, **1991** 22.7.–21.8. Jungfrau, 22.8.–24.8. Löwe, **1992** 22.7.–6.8. Löwe, 7.8.–24.8. Jungfrau, **1993** 22.7.–1.8. Zwillinge, 2.8.–24.8. Krebs, **1994** 22.7.–7.8. Jungfrau, 8.8.–24.8. Waage, **1995** 22.7.–29.7. Krebs, 30.7.–22.8. Löwe, 23.8.–24.8. Jungfrau, **1996** 22.7.–6.8. Zwillinge, 7.8.–24.8. Krebs, **1997** 22.7.–23.7. Löwe, 24.7.–17.8. Jungfrau, 18.8.–24.8. Waage, **1998** 22.7.–12.8. Krebs, 13.8.–24.8. Löwe, **1999** 22.7.–15.8. Jungfrau, 16.8.–24.8. Löwe, **2000** 22.7.–6.8. Löwe, 7.8.–24.8. Jungfrau, **2001** 22.7.–31.7. Zwillinge, 1.8.–24.8. Krebs, **2002** 22.7.–6.8. Jungfrau, 7.8.–24.8. Waage, **2003** 22.7.–28.7. Krebs, 29.7.–22.8. Löwe, 23.8.–24.8. Jungfrau

Venus in den Zwillingen – VERSPIELTE LIEBE

Venusstärken Vielseitig, verspielt, sexy
Venusschwächen Unruhig, gespalten

Ihre Venus macht Sie kindlich, verspielt, unschuldig, naiv, göttlich, raffiniert, charmant, unterhaltend – mit anderen Worten: Jeden Moment passiert etwas Neues. Liebe mit Ihnen ist ein Schweben auf Wolke sieben, ein Traum, so schön wie im schönsten Film. Ihre Hände können zaubern, Ihre Stimme ist wie ein warmer, zärtlicher Wind, und Ihre Worte schmeicheln und entführen in die Welt aus Tausendundeiner Nacht.
Die Liebe ist bestimmt der schönste Zeitvertreib, den es gibt. Aber Sie sind nicht abhängig von ihr – und schon gar nicht von einem anderen Menschen. Freiheit und Unabhängigkeit sind Ihnen nämlich beinahe noch wichtiger: Sie haben Ihren Mann (bzw. Ihre Frau) in Ihrem Inneren; Sie müssen daher mit niemandem zusammenwohnen, kochen, leben, alles teilen. Ganz ohne …? Schon möglich! Aber hundertprozentig sicher geht es nicht ohne Menschen. Andere entspannen sich vielleicht in den Bergen, in der Badewanne oder beim Schlafen. Sie brauchen Ihr Social life: Kontakte, Freunde, Begegnungen, Small talks. Was Sie lebendig hält, ist die Hoffnung und die Chance, daß jeden Augenblick etwas Neues, Unvorhergesehenes, Überraschendes passieren kann – vor allem in puncto Liebe.
Ein Problem gibt es auch, nämlich Ihren ewig rotierenden Verstand, der Ihnen zuweilen mitten in der schönsten Liebesgeschichte die Laune verdirbt.

Venus-Check

Kann meine Venus gut allein sein? Sie kann es, aber sie ist es selten.
Sucht meine Venus Sicherheit? Eher nicht. Sie kommt immer irgendwie zurecht.
Besteht meine Venus auf Treue? I wo, das kann sie selbst nicht, und das kann sie auch nicht von anderen verlangen.
Ist meine Venus eifersüchtig? Ja, leider, trotz aller Freiheitssuche.
Findet meine Venus leicht Partner? Ja, tonnenweise, damit hat sie kein Problem.

Venus im Krebs – GEFÜHLVOLLE LIEBE

Venusstärken Zärtlich, hingebungsvoll
Venusschwächen Klammernd

In guten Zeiten sind Sie strahlend schön und unwiderstehlich erotisch. Unbekümmert wie ein Kind und gleichzeitig von ironischer Distanziertheit, können Sie über alles lachen – am meisten jedoch über die Liebe, dieses absurde, herrliche, verrückte, uralte und ewig neue Spiel, in dem die Menschen seit eh und je stets die gleichen Fehler machen …
Vielleicht zwei Tage später sind Sie wie umgewandelt: stumm, scheu, abwesend, in sich gekehrt und vollkommen verschlossen. Sich den Kopf darüber zu zerbrechen, wie man Sie wieder zum Lachen bringt, ist zwecklos. In diesem Gemütszustand wollen Sie allein sein – und Sie wollen leiden! Sind Sie eine Person mit vielen Gesichtern? Ein Verwandlungskünstler? Einfach nur launisch? Ja, aber vor allem sind Sie zu hundert Prozent gefühlsbestimmt. Und Gefühle folgen keiner Uhr, sondern sind unberechenbar wie Wetter, Wind oder die Wellen des Meeres.
Sich um mehr emotionale Ausgeglichenheit zu bemühen ist daher vergeblich – und wäre auch ein ganz falscher Weg. Stehen Sie zu Ihrer Venus! Sie macht Ihre Liebe aufregend, romantisch und geheimnisvoll. Und Sie macht die Liebe mit Ihnen zum göttlichen Akt. Denn Ihre Liebeskraft ist stärker als alles. Wen Sie lieben, der wird wie von magischen Fäden angezogen und kommt irgendwann nicht mehr von Ihnen frei. Ja, Ihre Liebe ist auch klammernd und verschlingend … Aber für einen Platz neben Ihnen sollte man bereit sein, alles andere aufzugeben.

Venus-Check

Kann meine Venus gut allein sein? Nein, sie ist nicht für das Alleinsein geboren.
Sucht meine Venus Sicherheit? Ja, sogar eher zuviel Sicherheit.
Besteht meine Venus auf Treue? Keine Frage, Sie geben alles, und Sie wollen alles.
Ist meine Venus eifersüchtig? Natürlich, denn Ihr Schatz ist Ihr ein und alles.
Findet meine Venus leicht Partner? Nein, das fällt ihr ziemlich schwer.

Venus im Löwen – LUSTVOLLE LIEBE

Venusstärken Warmherzig, verspielt, stark
Venusschwächen Stolz

Zurückhaltung? Bescheidenheit? Schamgefühl? Kommt in Ihrem Repertoire nicht vor. Zumindest dann nicht, wenn es um eine Person geht, die Sie »haben« wollen (oder die Ihnen schon »gehört«). Dann nämlich wird Ihre Venus lebendig, die im Löwen steht, dem feurigsten Tierkreiszeichen überhaupt.
Kein Wunder, daß alle den Atem anhalten, wenn Sie erscheinen. In Ihnen steckt ein Lustobjekt, das gesehen, bewundert, betastet und – das besonders – verschönert, verziert, gekrönt werden möchte. Liebe geht bei Ihnen durch das Auge und kann nur mit Gold und Diamanten aufgewogen werden. Das soll nicht heißen, daß Sie jemanden nur des Geldes wegen lieben. Niemals lassen Sie sich kaufen, Sie schauen immer zuerst aufs Herz. Aber irgendein Schutzengel bringt Sie just mit solchen Frauen bzw. Männern zusammen, die – selbst wenn sie wie die Kirchenmaus beginnen – rasch zu Geld gelangen. Sieht alles aus, als wären Sie irre anspruchsvoll. Stimmt! Aber Sie sind auch eine Menge wert.
Wo so viel Licht ist, muß es doch auch Schatten geben: In Ihnen steckt (weiblich) eine Diva bzw. (männlich) ein Pascha. Beide wollen verwöhnt, verhätschelt, umworben, auf Händen getragen werden. Das ist anstrengend und führt zu Abhängigkeit. Kommt es dann aufgrund von Unverträglichkeit zu Trennungen, leiden Sie wie ein Tier. Weil Sie auch schrecklich stolz sind, versuchen Sie Ihre Schmerzen zu verstecken, was dumm und ungesund ist und das Desaster nur noch verschlimmert.

Venus-Check

Kann meine Venus gut allein sein? Wenn es sein muß. Aber schöner ist es zu zweit.
Sucht meine Venus Sicherheit? Nein, eher Anerkennung.
Besteht meine Venus auf Treue? Natürlich, schließlich sind Sie die/der Größte.
Ist meine Venus eifersüchtig? Ist sie, gibt es aber nicht zu.
Findet meine Venus leicht Partner? Sie wird gefunden, Ihre Venus.

Venus ist ein anderes Wort für Liebe,
Lust, Sex und Zärtlichkeit

Venus in der Jungfrau – REINE LIEBE

Venusstärken Aufmerksam, unschuldig, rein
Venusschwächen Kühl

Zur Sexualität haben Sie ein recht gespaltenes Verhältnis, keine Frage. Einerseits wollen Sie Sex, sind sogar richtig süchtig danach, träumen womöglich von einem »Erotikclub«, Liebe und einem Orgasmus, der den Himmel erzittern läßt. Andererseits finden Sie Sex aber auch »dumm«, tierisch, primitiv, unter Ihrer Würde, und vor allem hat er rein gar nichts mit vollkommener Liebe zu tun.
Was jetzt? Ein bißchen schizophren? Keineswegs! Sie betrachten Sex lediglich aus sämtlichen Perspektiven. Und irgendwann verstehen Sie, daß er nichts anderes ist als reinste Energie. Dann sind Sie auch bereit, Ihre Sexualität zu sublimieren und in ein kosmisches Erlebnis zu transformieren. Bis Sie selbst ein »Heiliger« bzw. eine »Heilige« sind, müssen Sie's ausprobieren, alles, was es gibt ... Aber nicht vergessen! Sex ist nur eine Vorstufe, ein Übergang; dahinter kommt mehr, eine höhere Bestimmung und Erfüllung. Bleiben Sie auf dem laufenden!

Venus-Check

Kann meine Venus gut allein sein? Es geht, wenn es sein muß. Aber schön ist es nicht.
Sucht meine Venus Sicherheit? O ja, ohne Liebe ist sie ziemlich verloren.
Besteht meine Venus auf Treue? Natürlich, aber sie hält sich nicht daran.
Ist meine Venus eifersüchtig? Ist sie, sie leidet Dramen.
Findet meine Venus leicht Partner? Sie ist schüchtern und hat sich schon oft die Finger verbrannt.

Venus in der Waage – KUNSTVOLLE LIEBE

Venusstärken Charmant, stilvoll, einfühlsam
Venusschwächen Unklar

Erinnern Sie sich noch daran, als Sie ein kleines Mädchen bzw. ein kleiner Junge waren? Sie saßen bei Papa auf dem Schoß und himmelten ihn an. Oder Sie tapsten so süß lächelnd zu Ihrer Tante, daß sie Ihnen jeden Wunsch erfüllte. Seitdem hat sich nichts Wesentliches verändert. Sie haben vielleicht die Kunst, sich mit allen Tricks und Raffinessen ins beste Licht zu setzen, perfektioniert und beherrschen sie heute aus dem Effeff. Aber Sie möchten vor allem immer noch, wie damals als Drei- oder Vierjährige(r), daß die Menschen gut und friedlich miteinander umgehen – und erst recht dann, wenn sie sich lieben.
Natürlich gibt es auch Venus-in-der-Waage-Menschen, die ihre Berufung zum Liebeskünstler verloren haben. Sie wuchsen in zerrütteten Familien auf oder wurden falsch erzogen, eventuell sogar mißhandelt. Aber selbst die tiefsten Wunden können durch die Kraft der Liebe, die ihnen bereits in die Wiege gelegt wurde, geheilt werden.
Probieren Sie es noch einmal, und lernen Sie, sich besser zu schützen – nicht auf die grobe, tölpelhafte, stillose Art, sondern »schön verpackt«, sozusagen »mit rosaroter Schleife« …!

Venus-Check

Kann meine Venus allein sein? Dafür ist sie nicht geboren.
Sucht meine Venus Sicherheit? Ja, aber sie gibt sie auch.
Besteht meine Venus auf Treue? Einerseits ja, andererseits weiß sie ja selbst, wie schön die Liebe ist.
Ist meine Venus eifersüchtig? Weniger eifersüchtig als enttäuscht.
Findet meine Venus leicht Partner? Das ist überhaupt kein Problem; alle Welt liebt sie.

Das Marshoroskop – POTENT, AKTIV, ERFOLGREICH UND MÄNNLICH SEIN

Rötlich funkelnd wie Feuer oder Blut, so präsentiert sich nur ein Gestirn am nächtlichen Himmel: der Planet Mars. Abhängig von seiner Nähe zur Erde verändert sich obendrein die Intensität. Menschen früherer Zeiten erschauerten daher, wenn sein Rot zunahm. Sie sprachen von einem zornigen Auge am Himmel und betrachteten es als böses Omen.

In klassischer Zeit galt Mars als Kriegsgott und Beschützer im Kampf: »Beschütze uns, Mars, und schlage dafür den Feind mit Feigheit und Schwäche«, soll der römische Kaiser Titus Flavius vor seinen Schlachten gerufen haben.

Hinter Mars stecken allerdings nicht nur bedrohliche Eigenschaften: So schickt er zum Beispiel zündende Ideen, verleiht Startkraft und schenkt Courage. Mars sorgt für den richtigen Biß, um sich behaupten und Rivalen überwinden zu können. Er verleiht die für Konkurrenzgerangel unerläßlichen »spitzen Ellenbogen« und programmiert auf Sieg. Er verkörpert das Urmännliche, den heldenhaften, schönen Jüngling genauso wie einen sexbesessenen Macho. Mars steht auch einfach für Sex, Potenz und Triebkraft. In ganz besonderer Weise verrät die Marsposition die Art und Weise des Eroberungsspieles: Ob man direkt auf jemanden zugeht, abwartet oder gar zum Rückzug bläst – es ist Mars, der die Fäden zieht.

Er ist ein absolut männlicher Planet, vielleicht der männlichste überhaupt. Frauen besitzen zwar genau wie Männer ihren Mars, aber eher als Potential, als Anlagebild, und neigen dazu, ihn nicht selbst auszuleben, sondern ihn zu projizieren. Sie suchen sich Männer, die ihrem Mars entsprechen. Über diesen Umweg hat er dann doch Anteil an ihrem Leben. Frauen, die Berufe ergreifen, welche früher eher als typisch männlich galten – im Management beispielsweise –, leben ihren Mars weitgehend selbst. Mars ist der regierende Planet des Widders und besitzt daher viele Wesenszüge dieses Tierkreiszeichens.

DIE ERMITTLUNG DES MARSZEICHENS

Suchen Sie in der folgenden Marstabelle Ihren Geburtstag und entnehmen Sie Ihre Marsposition, die Sie auf den entsprechenden Text im anschließenden Kapitel über die Marszeichen verweist. (Siehe auch die Vorbemerkung am Beginn von Teil II dieses Buches.)

Die Marstabelle

1920* Skorpion, **1921** 22.7.–2.8. Krebs, 3.8.–24.8. Löwe, **1922** Schütze, **1923** Löwe, **1924** Fische, **1925** 22.7.–12.8. Löwe, 13.8.–24.8. Jungfrau, **1926** 22.7.–31.7. Widder, 1.8.–24.8. Stier, **1927** 22.7.–24.7. Löwe, 25.7.–24.8. Jungfrau, **1928** 22.7.–8.8. Stier, 9.8.–24.8. Zwillinge, **1929** 22.7.–20.8. Jungfrau, 21.8.–24.8. Waage, **1930** Zwillinge, **1931** 22.7.–1.8. Jungfrau, 2.8.–24.8. Waage, **1932** 22.7.–4.8. Zwillinge, 5.8.–24.8. Krebs, **1933** Waage, **1934** Krebs, **1935** 22.7.–29.7. Waage, 30.7.–24.8. Skorpion, **1936** 22.7.–9.8. Krebs, 10.8.–24.8. Löwe, **1937** 22.7.–8.8. Skorpion, 9.8.–24.8. Schütze, **1938** 22.7. Krebs, 23.7.–24.8. Löwe, **1939** Steinbock, **1940** 22.7.–19.8. Löwe, 20.8.–24.8. Jungfrau, **1941** Widder, **1942** 22.7.–31.7. Löwe, 1.8.–24.8. Jungfrau, **1943** 22.7.–23.8. Stier, 24.8. Zwillinge, **1944** 22.7.–8.8. Jungfrau, 9.8.–24.8. Waage, **1945** 22.7.–23.7. Stier, 24.7.–24.8. Zwillinge, **1946** 22.7.–9.8. Jungfrau, 10.8.–24.8. Waage, **1947** 22.7.–13.8. Zwillinge, 14.8.–24.8. Krebs, **1948** Waage, **1949** 22.7. Zwillinge, 23.7.–24.8. Krebs, **1950** 22.7.–10.8. Waage, 11.8.–24.8. Skorpion, **1951** 22.7.–17.8. Krebs, 18.8.–24.8. Löwe, **1952** Skorpion, **1953** 22.7.–29.7. Krebs, 30.7.–24.8. Löwe, **1954** Schütze, **1955** Löwe, **1956** Fische, **1957** 22.7.–7.8. Löwe, 8.8.–24.8. Jungfrau, **1958** Stier, **1959** Jungfrau, **1960** 22.7.–1.8. Stier, 2.8.–24.8. Zwillinge, **1961** 22.7.–16.8. Jungfrau, 17.8.–24.8. Waage, **1962** 22.7.–21.8. Zwillinge, 22.8.–24.8. Krebs, **1963** 22.7.–26.7. Jungfrau, 27.7.–24.8. Waage, **1964** 22.7.–29.7. Zwillinge, 30.7.–24.8. Krebs, **1965** 22.7.–19.8. Waage, 20.8.–24.8. Skorpion, **1966** Krebs, **1967** Skorpion, **1968** 22.7.–5.8. Krebs,

* Siehe auch die Anmerkung zur Mondtabelle.

6.8.–24.8. Löwe, **1969** Schütze, **1970** Löwe, **1971** Wassermann, **1972** 22.7.–14.8. Löwe, 15.8.–24.8. Jungfrau, **1973** 22.7.–12.8. Widder, 13.8.–24.8. Stier, **1974** 22.7.–27.7. Löwe, 28.7.–24.8. Jungfrau, **1975** 22.7.–14.8. Stier, 15.8.–24.8. Zwillinge, **1976** 22.7.–23.8. Jungfrau, 24.8. Waage, **1977** Zwillinge, **1978** 22.7.–3.8. Jungfrau, 4.8.–24.8. Waage, **1979** 22.7.–8.8. Zwillinge, 9.8.–24.8. Krebs, **1980** Waage, **1981** Krebs, **1982** 22.7.–3.8. Waage, 4.8.–24.8. Skorpion, **1983** 22.7.–13.8. Krebs, 14.8.–24.8. Löwe, **1984** 22.7.–17.8. Skorpion, 18.8.–24.8. Schütze, **1985** 22.7.–24.7. Krebs, 25.7.–24.8. Löwe, **1986** Steinbock, **1987** 22.7.–22.8. Löwe, 23.8.–24.8. Jungfrau, **1988** Widder, **1989** 22.7.–3.8. Löwe, 4.8.–24.8. Jungfrau, **1990** Stier, **1991** Jungfrau, **1992** Zwillinge, **1993** 22.7.–11.8. Jungfrau, 12.8.–24.8. Waage, **1994** 22.7.–16.8. Zwillinge, 17.8.–24.8. Krebs, **1995** Waage, **1996** 22.7.–25.7. Zwillinge, 26.7.–24.8. Krebs, **1997** 22.7.–13.8. Waage, 14.8.–24.8. Skorpion, **1998** 22.7.–20.8. Krebs, 21.8.–24.8. Löwe, **1999** Skorpion, **2000** 22.7.–31.7. Krebs, 1.8.–24.8. Löwe, **2001** Schütze, **2002** Löwe, **2003** Fische

Mars im Widder – DIREKTES EROBERUNGSSPIEL

Marsstärken Energisch, kühn, mutig, stolz
Marsschwächen Streitsüchtig, egoistisch

Sie haben einen tollen Mars! Als Herrscher des Widderzeichens, dessen Element zudem das Feuer ist, kann er sich hier so richtig entfalten. Diese Konstellation verleiht Feuer im Doppelpack, macht kämpferisch, mutig und furchtlos. Sie sind ein Draufgänger, ein Held und Abenteurer, jemand, der nicht lange fackelt, sondern nach seiner Fasson lebt und dafür sorgt, daß sein Wille geschehe.
Allerdings kann es sein, daß sich Ihr Mars (noch) »versteckt«, daß Sie sich und andere vor ihm schützen, ihn vielleicht unterdrücken oder verleugnen. Sie halten sich vielmehr für eine friedliche oder gehemmte Person. Das würde dann bedeuten, daß Sie Ihren Mars erst noch entdecken müssen. Vielleicht kennen Sie diese Kraft bisher nur als inneres Rumoren, als gelegentliches Beben, als völlig unerwarteten Wutausbruch. Möglicherweise steigt Ihnen Ihr Mars auch in den Kopf und macht sich dort schmerzhaft bemerkbar. Sie können jedenfalls sicher sein, daß dieser Mars zum Ausbruch drängt wie Feuer in einem Vulkan. Besser, Sie geben ihm rechtzeitig Raum und verschaffen sich so Luft! Was Ihnen hilft, ist eine Tätigkeit, die Ihnen möglichst viel Freiheit läßt. Erleichterung finden Sie auch über sämtliche aktiven Sportarten. Am wichtigsten aber ist, daß Sie mit der Zeit mehr und mehr zu Ihrem Mars stehen, sich mehr zutrauen, öfters mal über die Stränge schlagen und sich nicht selbst dafür tadeln, wenn Ihr »marsischer« Anteil über Sie kommt.

Mars-Check
Wie gut setze ich mich durch? Ich habe alle Voraussetzungen, um mich gut durchzusetzen.
Wie aggressiv macht mich mein Mars? Ich muß mich ausleben, sonst werde ich sehr aggressiv.
Wieviel Sexpower verleiht mir mein Mars? Wenn ich mich nicht selbst unterdrücke, habe ich jede Menge Sex.

Mars im Stier – GENUSSVOLLES EROBERUNGSSPIEL

Marsstärken Ausdauernd, zäh, sinnlich
Marsschwächen Jähzornig, gierig, stur

Mars im Stier bedeutet eine Verbindung von Feuer (denn Mars ist ein Feuerplanet) und Erde (denn Stier ist vom Element her Erde). Diese Kombination verleiht Ihnen die Stärke eines mittleren Erdbebens. Was Sie anpacken, ziehen Sie auch durch, denn Sie haben nicht nur Kraft, sondern sind auch zäh und ausdauernd. Ihr Feuer brennt nicht lichterloh (um dann rasch in sich zusammenzufallen), es gleicht einer beständigen Glut. Darüber hinaus bringt die Begegnung des »Sexplaneten« Mars mit dem Tierkreiszeichen Stier eine betont sinnliche Komponente in Ihr Dasein. Die dritte Haupteigenschaft dieser Marsposition ist ein enormer Erwerbstrieb: Ihr Lebtag arbeiten Sie für Sicherheit, Geld, ein Haus, Luxus und was auch immer. Sie sind dafür geboren, das Fleckchen Erde, auf dem Sie leben, in ein blühendes Paradies zu verwandeln.

Möglicherweise aber führt Ihr Mars ein Schattendasein, und Sie kennen ihn noch gar nicht richtig. Vielleicht schätzen Sie Ihr Leben überhaupt nicht als übermäßig sinnlich ein oder bezeichnen sich sogar als arm. Aber das heißt nur, daß Sie Ihren Mars noch nicht »gefunden« haben. Dennoch existiert er, seine kolossale Kraft, seine Sinnlichkeit und der Zug zu Reichtum schlummern in Ihnen.

Was Ihnen hilft, Ihren Mars zu »wecken«, ist körperliche Bewegung und Kontakt mit der Natur. Am wichtigsten aber ist, daß Sie an Ihren Mars glauben und in Ihrem Denken und Handeln Raum dafür schaffen.

Mars-Check

Wie gut setze ich mich durch? Wenn ich angegriffen werde, werde ich stark.

Wie aggressiv macht mich mein Mars? Ich kann furchtbar wütend werden, wenn man mich reizt.

Wieviel Sexpower verleiht mir mein Mars? Darüber muß man kein Wort verlieren – oder höchstens eines: viel …!

Mars in den Zwillingen – VERSPIELTES EROBERUNGSSPIEL

Marsstärken Gewandt, neugierig, vielseitig
Marsschwächen Unkonzentriert, zerstreut

Mars in den Zwillingen hilft Ihnen, ein unternehmerischer, vielseitig interessierter und talentierter Mensch zu sein. Diese Konstellation verleiht Ihnen ein Feuer, das mutig und unerschrocken macht. Mit Mars, dem Feuerplaneten, und Zwillinge, einem Luftzeichen, treffen zwei Elemente aufeinander, die eine sehr günstige Mischung ergeben: Feuer braucht Luft. Im übertragenen Sinne bedeutet Luft Kommunikation. Daraus folgt, daß Sie vitaler, lebendiger und feuriger werden, sobald Sie unter Menschen sind. Hingegen dämpft Alleinsein Ihr Temperament. Oder die Gedanken beginnen zu rotieren, und Sie können Ihren Kopf nicht mehr abschalten.
Ihre durch Mars in den Zwillingen gesteigerte Neugierde, Ihr Interesse an allem, läßt sich jedoch nur im Kontakt mit Ihrer Außenwelt ausreichend befriedigen.
Allerdings kann es auch sein, daß Sie Ihren Mars noch gar nicht richtig entdeckt haben und ihn daher nicht ausleben können. Ihr eigenes Leben kommt Ihnen vielleicht überhaupt nicht übermäßig interessant und abwechslungsreich, sondern eher ziemlich langweilig vor. Das hieße dann aber, daß Sie Ihren Mars schleunigst ans Licht holen sollten. In jedem Fall existiert diese lebendige Kraft in Ihnen. Daran gibt es keinen Zweifel.

Mars-Check
Wie gut setze ich mich durch? Verbal kann ich mich prima durchsetzen.
Wie aggressiv macht mich mein Mars? Ich schimpfe höchstens einmal kräftig.
Wieviel Sexpower verleiht mir mein Mars? Ich bin kein wildes Tier, aber ich habe viel Lust am Sex.

Mars im Krebs – GEFÜHLVOLLES EROBERUNGSSPIEL

Marsstärken Gefühlsstark, strebsam
Marsschwächen Nachlässig, »zickig«

Mars, der Feuerplanet, und Krebs, von seiner Energie her ein Wasserzeichen, treffen aufeinander. Das kann dazu führen, daß das Feuer zunächst einmal im Wasser erlischt. Dann ist man ein Mensch, der Schwierigkeiten hat, seinen Willen durchzusetzen, die Ellenbogen zu benutzen, sich zu behaupten – denn all dies sind Eigenschaften, die der Planet Mars verleiht. Zugleich ist man innerlich gespannt, spürt Wut, Frustration und Ungenügen, kann damit aber nicht richtig herausrücken.

Es gibt jedoch auch die Möglichkeit, den Mars im Krebs zu transformieren. Dabei gilt es zu akzeptieren, daß man zwar nicht so direkt und forsch handeln kann, wie man es bei einem ungebremsten Mars erwarten würde, dafür aber ein tiefes Gefühlsleben besitzt. Mit Mars im Krebs ist man in positivster Weise ein Mensch, der tief in sich hineinschaut und seine Seele (und auch die anderer) kennt. Wenn Sie Ihren Mars so leben und erleben, sind Sie ein rezeptiver, kreativer Mensch, einer, der durch sein Mitschwingen mit anderen und sein psychologisches Gespür am Ende genauso viel erreicht wie Menschen mit anderen Marspositionen.

Allerdings kann es auch sein, daß Ihr Mars noch ein Schattendasein führt. Sie schätzen ihn nicht und versuchen, ihn durch effektiveres Verhalten zu ersetzen. Nur funktioniert das so eben nicht: Am Ende werden Sie noch unsicherer sein.

Stehen Sie zu Ihrem Mars! Leben Sie Ihren Mars mit all seinen Widersprüchen. Betreiben Sie Weiterbildung in Sachen Psychologie. Das hilft Ihnen, sich selbst besser zu verstehen.

Mars-Check

Wie gut setze ich mich durch? Auf direktem Wege fällt es mir schwer, mich durchzusetzen.

Wie aggressiv macht mich mein Mars? Es braucht lange, bis ich wütend werde.

Wieviel Sexpower verleiht mir mein Mars? Wenn ich mich sicher fühle, bin ich sehr erotisch.

Mars im Löwen – IMPOSANTES EROBERUNGSSPIEL

Marsstärken Selbstbewußt, herzlich, stolz
Marsschwächen Selbstsüchtig, eitel

Sie haben einen besonders starken Mars, und das hat seinen guten Grund: Der feurige Planet Mars begegnet dem Löwen, einem dem Element Feuer zugehörenden Zeichen. Feuer trifft also auf Feuer, verdoppelt sich, wird zur lodernden Flamme. Da Feuer ein Symbol gleichermaßen für Tatkraft wie geistige Regsamkeit ist, müssen Sie ein dynamischer, unternehmungsfreudiger Mensch sein, dessen Wirken durchdrungen ist von geistiger Weitsicht und Größe. Ihren hohen Ansprüchen, mit denen Sie um die Durchsetzung Ihrer Ziele kämpfen, steht eine einnehmende Herzlichkeit und eine lockere, beinahe spielerische Haltung gegenüber. Man könnte meinen, Ihre Erfolge fallen Ihnen einfach in den Schoß. Aber Sie bekommen nichts »gratis«. Sie sind dem Leben und anderen Menschen gegenüber immer hilfsbereit und großzügig – und das gibt Ihnen das Leben zurück.
Sollten Sie sich in diesem Bild nicht finden und sich vom Leben eher benachteiligt als beschenkt fühlen, führt Ihr Mars ein Schattendasein. Sie haben ihn noch gar nicht richtig entdeckt und können ihn daher nicht ausleben.
Was Ihnen hilft, Ihren Mars zu »wecken«, ist Bewegung, Tanz, aktiver Sport. Vor allem aber müssen Sie direkter, spontaner und selbstbewußter werden. Sie müssen sich mit dem Mars in Ihrem Inneren verbinden – es ist alles da, was Sie brauchen.

Mars-Check

Wie gut setze ich mich durch? Damit habe ich überhaupt keine Probleme.
Wie aggressiv macht mich mein Mars? Ich bin nicht leicht aus der Ruhe zu bringen. Aber wenn es sein muß, kann ich richtig toben.
Wieviel Sexpower verleiht mir mein Mars? Starken Partnern schenke ich alles – Schwächlinge schläfern mich ein.

Mars in der Jungfrau – VERSTECKTES EROBERUNGSSPIEL

Marsstärken	Geistig fit, vernünftig, aktiv, arbeitsmotiviert, fleißig
Marsschwächen	Zwanghaft, überängstlich

Feuer und Erde verbinden sich bei der Konstellation Mars in der Jungfrau, einem Erdzeichen. Feuer und Erde zusammen wecken Aktivität, Arbeitswillen, Genauigkeit und Realitätssinn. Ihr Feuer gleicht einer anhaltenden Glut. Das macht Sie zu einem Menschen, der gern und gut arbeitet, ausdauernd und präzise ist, strategisch vorgeht und sich nicht unüberlegt in seine Arbeit stürzt. Mars in der Jungfrau macht auch vorsichtig. Das kann unter Umständen in Kleinlichkeit und Angst ausarten. Auch eine übertrieben kritische Haltung sich selbst und anderen gegenüber kann die Folge sein. Sie brauchen daher ein Ventil, etwas, das Ihnen erlaubt, Ihren Mars ohne zuviel Kontrolle und Analyse ausleben zu können, wie zum Beispiel Sport oder andere körperliche Aktivitäten. Auch riskante Freizeitbeschäftigungen (Paragliding, Klettern) sind für Sie und Ihren Mars geeignet: Sie passen nämlich gut auf sich auf – und Ihrem Mars ist Genüge getan. Das wiederum kommt, zusammen mit der Jungfrauenergie, Ihrem Schaffen zugute.
Sie sollten auch einen Weg finden, Ihre Wut und Ihre Verletzungen besser zu zeigen. Mit Mars in der Jungfrau neigt man nämlich dazu, seine Aggressionen zu unterdrücken und irgendwo zu »bunkern« – bis dann das Maß voll ist und man wegen einer Kleinigkeit »an die Decke geht«.

Mars-Check

Wie gut setze ich mich durch? Ich habe Probleme, mich durchzusetzen.
Wie aggressiv macht mich mein Mars? Ich brauche lange, bis ich explodiere.
Wieviel Sexpower verleiht mir mein Mars? Ich bin kein Hengst, aber auch keine Schnecke. Erfolg macht mich sexy.

Mars in der Waage – RAFFINIERTES EROBERUNGSSPIEL

Marsstärken Lebhaft, gesellig, charmant, beliebt, ausgleichend, korrekt
Marsschwächen Ausschweifend, untreu, unmäßig

Mit Ihrer Marsposition vereinigen sich Feuer (Mars) und Luft (Waage). Diese Kombination kommt beiden Elementen zugute und wertet sie auf. Sie sind daher ein leichter, »luftiger« Mensch von sanguinischem Temperament und besitzen die Gabe, andere rasch für sich einzunehmen. Ihr Auftreten ist charmant, einfühlsam, zuvorkommend. Ihr Mars in der Waage macht Sie auch zu einem Streiter für Frieden und Ausgleich. Wo immer Ungerechtigkeiten und Zwietracht herrschen, fühlen Sie sich aufgerufen, zu schlichten und zu versöhnen. Zuweilen bricht aber auch bei Ihnen Mars in all seiner Heftigkeit durch, nämlich dann, wenn Sie zu lange versucht haben, ihn zu kontrollieren und zu unterdrücken.
Mars in der Waage führt auch zu starker Denkarbeit. Sie glauben, alle Probleme mit dem Kopf lösen zu können. Wichtig ist, sich für Ihren Mars ein Ventil zu suchen. Man kann diesen Planeten nicht zu permanenter Friedfertigkeit veranlassen. Aber wenn Sie ihn anderweitig leben, beim Sport, bei abenteuerlicher Freizeitgestaltung, dann gelingt es Ihnen besser, Ihren Mars für Ihre friedlichen Missionen einzuspannen. Ein weiteres Plus Ihrer Marsposition ist ein guter Geschmack und künstlerisches Talent.

Mars-Check
Wie gut setze ich mich durch? Ich bin ein guter Taktiker.
Wie aggressiv macht mich mein Mars? Eigentlich bin ich sehr friedlich, aber manchmal explodiere ich schon wegen einer Kleinigkeit.
Wieviel Sexpower verleiht mir mein Mars? Sex habe ich genug. Aber ich suche mehr, und zwar geistiges Verstehen.

Mars im Skorpion – INBRÜNSTIGES EROBERUNGSSPIEL

Marsstärken Kraftvoll, ausdauernd, hartnäckig, leidenschaftlich, furchtlos und mutig
Marsschwächen Lasterhaft, rachsüchtig

Ihnen steht ein besonderer Mars, eine starke, vitale Kraft zur Seite. Sie sind ausgesprochen zäh, wenn es um die Verwirklichung eines Zieles geht, an dem Ihnen auch emotional liegt. Selbst Mühen und Unannehmlichkeiten, mit denen sich andere Menschen nicht belasten würden, nehmen Sie dann gern in Kauf. Nicht verwunderlich ist es, daß diese Hartnäckigkeit mitunter zu außerordentlichen Leistungen führt. Dennoch sind Sie kein Kraftprotz, einer, der die Muskeln spielen läßt und bei jeder Gelegenheit zeigen will, was er draufhat. Skorpion ist vom Element her ein Wasserzeichen. Die Kraft des Planeten Mars ist nicht auf äußere Wirkung aus. Seine Power geht nach innen. Diese Marsposition führt dazu, daß Sie instinktmäßig wissen, wann Ihr Einsatz wichtig ist, wann etwas Bedeutsames und Wichtiges ansteht und erledigt werden muß: Dann werden Sie zum »Helden«. Daher ist Ihnen zu raten, Herausforderungen zu suchen und anzunehmen. Nur dann steht Ihr Mars voll auf Ihrer Seite, während Sie sonst beinahe müde und lustlos sein können.
Ihr Mars neigt zur Zerstörung. Das ist immer dann gut, wenn etwas alt, verbraucht, überholt und ein neuer Anfang angezeigt ist. Aber hüten Sie sich vor mutwilliger Zerstörung! – Mit Mars im Skorpion verfügen Sie auch über eine kolossale Sexpower. Sie sind leidenschaftlich, triebstark und letztendlich beseelt von der Idee, für Nachwuchs zu sorgen.

Mars-Check
Wie gut setze ich mich durch? Ich bringe meine Power indirekt ein und setze so meinen Willen durch.
Wie aggressiv macht mich mein Mars? Ich kann alles zerstören.
Wieviel Sexpower verleiht mir mein Mars? Mehr als allen anderen.

Mars im Schützen – FEURIGES EROBERUNGSSPIEL

Marsstärken Schlagfertig, gerecht, begeisterungsfähig, klar und offen
Marsschwächen Streitbar, aggressiv, beleidigend

Mit Mars im Schützezeichen trifft Feuer wieder auf Feuer und wird zur lodernden Flamme: Ihr Mars zeigt sich mit besonderer Intensität. Da Feuer ein Symbol gleichermaßen für Tatkraft wie geistige Regsamkeit ist, müssen Sie ein dynamischer, unternehmungsfreudiger Mensch sein, dessen Wirken durchdrungen ist von geistiger Weitsicht und Größe. Ihr Handeln und Wirken wird stark von Idealen geleitet: von Gerechtigkeit, Ritterlichkeit und Fairneß. Sie sind leicht zu begeistern und – einmal in Schwung – kaum zu bremsen. Was Sie brauchen, ist ein Ziel, eine Hoffnung, eine Perspektive, sonst erlischt Ihr Feuer.
Allerdings kann es auch sein, daß Ihr Mars noch ein Schattendasein führt, daß Sie ihn noch gar nicht richtig entdeckt haben. Vielleicht meinen Sie, keineswegs feurig oder übermäßig aktiv zu sein, sondern erleben sich eher als passiven Zeitgenossen. Dies hieße dann, daß Sie einen Teil Ihres Selbst negieren – und sich auf die Suche nach Ihrem Mars begeben sollten.
Was Ihnen hilft, Ihren Mars zu »wecken«, ist Bewegung, Tanz, aktiver Sport und Reisen. Vor allem aber müssen Sie direkter, spontaner und selbstbewußter werden. Sie müssen sich mit dem Mars in Ihrem Inneren verbinden – es ist alles da, was Sie brauchen.

Mars-Check

Wie gut setze ich mich durch? Solange Fairneß herrscht, kann ich mich prima durchsetzen.
Wie aggressiv macht mich mein Mars? Ich bin nicht aggressiv, aber für eine gute Sache werde ich zum heiligen Krieger.
Wieviel Sexpower verleiht mir mein Mars? Sex bringt mich dem Himmel näher.

Mars im Steinbock – BERECHNENDES EROBERUNGSSPIEL

Marsstärken Verantwortungsvoll, geduldig, zäh, mutig, tatkräftig
Marsschwächen Eigenwillig, mißmutig

Mars im Steinbock führt zu einer Verbindung von Feuer und Erde, da der Steinbock zu den Erdzeichen zählt. Feuer und Erde zusammen wecken Arbeitswillen, Genauigkeit und Realitätssinn. Ihr Feuer brennt nicht lichterloh (um sich dann rasch zu verzehren), sondern lang anhaltend wie eine wohlgeschürte Glut. Das macht Sie zu einem Menschen, der gern und gut arbeitet, ausdauernd und präzise ist, strategisch vorgeht und sich nicht unüberlegt in seine Tätigkeiten stürzt. Mars im Steinbock macht auch extrem widerstandsfähig. Man kann Sie mit einem Diamantbohrer vergleichen, der sich in eine Sache unaufhaltsam hineinfrißt. Mars im Steinbock macht erfolgreich. Er verleiht Ihnen die entsprechende Motivation und ein Gespür für Machtverhältnisse.
Diese Konstellation bedeutet aber auch, daß sich Mars total wandeln muß. Aus einer impulsiven, feurigen, leicht erregbaren, leidenschaftlichen Energie wird eine kontrollier- und regelbare Kraft, die sich einer höheren Absicht fügt und dem Allgemeinwohl dient. Sie dürfen allerdings die ursprüngliche Qualität von Mars nicht vollständig verlieren. Das würde zu Aggressionsstau und unter Umständen sogar zu gesundheitlichen Problemen führen. Es ist also wichtig, sich für Ihren Mars ein Ventil zu suchen. Wenn Sie ihn anderweitig leben, beim Sport oder bei abenteuerlicher Freizeitgestaltung, dann gelingt es Ihnen besser, Ihren Mars für Ihre höheren Zwecke einzuspannen.

Mars-Check
Wie gut setze ich mich durch? Ich bin ein harter Arbeiter und schaffe alles, was ich will.
Wie aggressiv macht mich mein Mars? Normalerweise bin ich friedlich. Wer es aber drauf anlegt, wird mich kennenlernen.
Wieviel Sexpower verleiht mir mein Mars? Wenn die Verhältnisse stimmen, hole ich mir auch hier meine Gipfelerlebnisse!

Mars im Wassermann – GEISTREICHES EROBERUNGSSPIEL

Marsstärken Aufgeweckt, innovativ, selbständig, schöpferisch
Marsschwächen Prahlerisch, eingebildet

Mit Ihrer Marsposition vereinigen sich Feuer (Mars) und Luft (Wassermann). Diese Kombination kommt beiden Elementen zugute und wertet sie auf. Sie sind daher ein leichter, »luftiger« Mensch, der die Gabe besitzt, andere für sich einzunehmen. Ihr Auftreten ist charmant, einfühlsam und zuvorkommend.
Alltag, graues Einerlei, tägliche Routine erzeugen bei Ihnen eine Gänsehaut. Sie möchten Neues erschaffen, eingefahrene Gleise verlassen, originell und schöpferisch sein. Freiheit ist für Sie überaus wichtig. Sie arbeiten besser, wenn Sie nicht ständig jemand gängelt. Sie sind der geborene »Freelancer«. Ihr ausgeprägtes Improvisationstalent ermöglicht Ihnen, originelle und unkonventionelle Lösungen zu finden, wenn Sie nicht durch Vorgaben eingeschränkt werden. In Beziehungen wird es Ihnen ebenfalls schnell zu eng. Eine Ehe bereitet Ihnen (auch) Probleme, Sie fühlen sich unfrei, wie »eingesperrt«.
Vielleicht aber entspricht diese Charakterisierung nicht Ihrem Selbstbild: Weder schätzen Sie sich als unabhängig oder freiheitsliebend noch als übermäßig schöpferisch ein. Dann ist zu vermuten, daß Ihr Mars noch auf seine Entdeckung wartet. Machen Sie sich auf die Suche! Was Ihnen hilft, Ihren Mars zu »wecken«, ist Bewegung, vor allem Tanz. Noch wichtiger aber ist, unkonventioneller und spontaner zu werden. Sie müssen sich mit dem Mars in Ihrem Inneren verbinden – es ist alles da, was Sie benötigen.

Mars-Check

Wie gut setze ich mich durch? Ich bin genial, aber nicht unbedingt durchsetzungsstark.
Wie aggressiv macht mich mein Mars? Ich hasse aggressive Menschen.
Wieviel Sexpower verleiht mir mein Mars? Sex ist schön, aber er ist nicht alles.

Mars in den Fischen – SPHINXHAFTES EROBERUNGSSPIEL

Marsstärken Empfänglich, intuitiv, einfühlsam, kreativ
Marsschwächen Willensschwach, beeinflußbar, täuschbar

Der Feuerplanet Mars steht im Wasserzeichen Fische: Feuer und Wasser treffen aufeinander. Das kann dazu führen, daß das Feuer zunächst einmal ausgeht. Dann sind Sie jemand, der Schwierigkeiten hat, seinen Willen durchzusetzen, die Ellenbogen zu benutzen und sich zu behaupten – denn all dies sind marsische Eigenschaften. Gleichzeitig fühlen Sie sich jedoch innerlich gespannt, spüren Wut, Enttäuschung und Ungenügen, kommen damit aber nicht richtig heraus.
Es gibt jedoch auch die Möglichkeit, den Mars in den Fischen zu transformieren. Dazu muß man akzeptieren, daß man zwar nicht so direkt und forsch vorgeht, wie man es bei einem ungebremsten Mars erwarten würde, dafür aber eine andere Fähigkeit besitzt, nämlich ein kolossales Gespür. Das Fischezeichen ist seinem Wesen nach »transparent«, es besitzt keine klaren Grenzen, versetzt jemanden daher in die Lage, sich universell zu »vernetzen«. Man besitzt also eine Art sechsten Sinn, spürt andere Menschen, die sich nicht einmal in der Nähe aufhalten, ja, vermag sich sogar in die Zukunft zu »beamen«. Mars kann all diese Fähigkeiten noch steigern: Man wird zum paranormalen Individuum.
Wenn Sie Ihren Mars so in Ihr Leben integrieren, sind Sie ein Mensch, der durch sein Mitschwingen mit anderen und sein psychologisches Gespür am Ende genauso viel erreicht wie Menschen mit anderen Marspositionen.

Mars-Check

Wie gut setze ich mich durch? Damit habe ich Probleme. Versuche ich es dennoch, muß ich von der Sache hundertprozentig überzeugt sein.
Wie aggressiv macht mich mein Mars? Es dauert ewig, bis ich aus der Haut fahre.
Wieviel Sexpower verleiht mir mein Mars? Sex ist wunderbar, aber er ist nicht alles ...

Das Jupiterhoroskop –
INNERLICH UND ÄUSSERLICH REICH UND ERFOLGREICH SEIN

Jupiterzeichen

Nachts, wenn Venus nicht mehr (oder noch nicht) am Himmel leuchtet, ist Jupiter einer der hellsten Sterne überhaupt. Kein Wunder daher, daß er unseren Vorfahren, die der Nacht in viel umfassenderem Maße ausgeliefert waren als wir heute in unserer künstlich erhellten Zeit, ein Symbol für Hoffnung, Trost, Stimmigkeit und Gerechtigkeit war. Oft verband man ihn mit der obersten Gottheit.

So auch in der griechischen Mythologie, auf die sich die Symbolik der Astrologie entscheidend bezieht. Jupiter heißt bei den Griechen »Zeus«, und über ihn gibt es unzählige Mythen. So war er es, der gegen seinen Vater Saturnus bzw. Kronos, den obersten der Titanen, antrat

und ihn besiegte. Saturnus hatte nämlich außer Zeus alle seine Nachkommen aufgefressen, weil ihm geweissagt worden war, daß ihn eines seiner Kinder vom Throne stoßen würde. Rheia, Zeus' Mutter, versteckte ihren Sohn vor dem Vater, und die Prophezeiung erfüllte sich: Zeus entthronte ihn und warf ihn in den Tartaros.
Andere Geschichten über Zeus/Jupiter erzählen eher Delikates. So gelüstete es den obersten Gott wie gesagt immer wieder nach weltlichen Frauen, die er durch List dazu brachte, mit ihm zu schlafen und Kinder von ihm zu empfangen. Bei Leda zum Beispiel verwandelte er sich in einen Schwan und zeugte mit ihr Pollux. Auch Herakles und Dionysos entstammten seinem gemeinsamen Lager mit sterblichen Frauen. Gezeugt durch den unsterblichen Jupiter, erlangten seine Kinder ebenfalls die Unsterblichkeit.
Die Position Jupiters im Horoskop verweist daher einerseits auf tiefe Einsichten: Jupiter sorgt dafür, daß uns »ein Licht aufgeht«, wir letzten Endes weise werden. Auf der anderen Seite verkörpert Jupiter eine Gestalt, der eine unendlich große Liebe zukommt. Sinnbildlich gesprochen, sehnt sich der Mensch danach, sich mit dem göttlichen Jupiter zu vereinigen, um Kinder (symbolisch für Ideen und Taten) zu gebären, die unsterblich sind.
Des weiteren repräsentiert Jupiter den großen Helfer und Heiler. Dort, wo er im Horoskop steht, findet der Mensch Kräfte, sich und andere zu trösten und zu stärken. Am bekanntesten ist Jupiter in der Astrologie aber deswegen, weil er das Glück verheißt.

DIE ERMITTLUNG DES JUPITERZEICHENS

Suchen Sie in der Jupitertabelle Ihren Geburtstag, und entnehmen Sie Ihre Jupiterposition, die Sie auf den entsprechenden Text im anschließenden Kapitel über die Jupiterzeichen verweist. (Siehe auch die Vorbemerkung am Beginn von Teil II dieses Buches.)

Die Jupitertabelle

1920* Löwe, **1921** Jungfrau, **1922** Waage, **1923** Skorpion, **1924** Schütze, **1925** Steinbock, **1926** Wassermann, **1927** Widder, **1928** Stier, **1929** Zwillinge, **1930** Krebs, **1931** Löwe, **1932** 22.7.–10.8. Löwe, 11.8.–24.8. Jungfrau, **1933** Jungfrau, **1934** Waage, **1935** Skorpion, **1936** Schütze, **1937** Steinbock, **1938** 22.7.–30.7. Fische, 31.7.–24.8. Wassermann, **1939** Widder, **1940** Stier, **1941** Zwillinge, **1942** Krebs, **1943** Löwe, **1944** 22.7.–25.7. Löwe, 26.7.–24.8. Jungfrau, **1945** Jungfrau, **1946** Waage, **1947** Skorpion, **1948** Schütze, **1949** Steinbock, **1950** Fische, **1951** Widder, **1952** Stier, **1953** Zwillinge, **1954** Krebs, **1955** Löwe, **1956** Jungfrau, **1957** 22.7.–6.8. Jungfrau, 7.8.–24.8. Waage, **1958** Waage, **1959** Skorpion, **1960** Schütze, **1961** 22.7.–12.8. Wassermann, 13.8.–24.8. Steinbock, **1962** Fische, **1963** Widder, **1964** Stier, **1965** Zwillinge, **1966** Krebs, **1967** Löwe, **1968** Jungfrau, **1969** Waage, **1970** 22.7.–15.8. Waage, 16.8.–24.8. Skorpion, **1971** Skorpion, **1972** 22.7.–24.7. Steinbock, 25.7.–24.8. Schütze, **1973** Wassermann, **1974** Fische, **1975** Widder, **1976** 22.7.–23.8. Stier, 24.8. Zwillinge, **1977** 22.7.–19.8. Zwillinge, 20.8.–24.8. Krebs, **1978** Krebs, **1979** Löwe, **1980** Jungfrau, **1981** Waage, **1982** Skorpion, **1983** Schütze, **1984** Steinbock, **1985** Wassermann, **1986** Fische, **1987** Widder, **1988** Zwillinge, **1989** 22.7.–30.7. Zwillinge, 31.7.–24.8. Krebs, **1990** 22.7.–17.8. Krebs, 18.8.–24.8. Löwe, **1991** Löwe, **1992** Jungfrau, **1993** Waage, **1994** Skorpion, **1995** Schütze, **1996** Steinbock, **1997** Wassermann, **1998** Fische, **1999** Stier, **2000** Zwillinge, **2001** Krebs, **2002** 22.7.–1.8. Krebs, 2.8.–24.8. Löwe, **2003** Löwe

* Siehe auch die Anmerkung zur Mondtabelle.

DIE JUPITERZEICHEN DER LÖWEN

Jupiter im Widder – DAS GLÜCK DES FEUERS

Jupiterstärken Selbstvertrauen, Optimismus
Jupiterschwächen Prahlerei

Ihr Glück ist für Sie die Möglichkeit, Ihren Willen und Ihre Impulse spontan und unmittelbar umsetzen zu können. Sie sind ein Abenteurer – in Wirklichkeit wie im Geiste. Sie möchten wie Kolumbus die Welt entdecken. Und wie Einstein, Hildegard von Bingen oder Galileo Galilei den Gipfel menschlicher Erkenntnis erreichen. Wenn Sie sich bewegen, geistig wie körperlich, sind Sie Ihrem Schöpfer am nächsten. Stillstand hingegen weckt Resignation; Sie fühlen sich fern und ausgestoßen vom großen Ganzen. Durch Ihre optimistische und positive Weltauffassung sind Sie dafür bestimmt, anderen voranzugehen oder ihnen den Weg zu weisen. Denn Sie tragen eine Fackel des Lichts und der Wahrheit.
So schlummert auch ein Heiler und Prophet in Ihnen, der im Laufe Ihres Lebens geweckt werden will. Bevor Sie allerdings selber ein Lichtbringer sein können, werden Sie Persönlichkeiten suchen, die Ihnen auf Ihrem eigenen Weg ein Vorbild sind. Mit der Gabe, andere zu führen, müssen Sie behutsam umgehen. Hüten Sie sich, andere zu blenden oder sich über deren Unwissen zu erheben. Sie dürfen Ihre Demut nie verlieren, und Sie dürfen nicht vergessen, daß Sie selbst auch – und sogar zuallererst – ein Suchender sind.

Jupiter-Check
Wie habe ich Erfolg, inneres und äußeres Glück? Durch Handeln, Reisen, Unternehmungen, Initiativen.
Wie kann ich helfen und heilen? Durch tatkräftiges Unterstützen, Körpertherapie, Yoga, Sport, Wärme. Andere motivieren, ihnen Mut zusprechen.

Jupiter im Stier – DAS GLÜCK DER ERDE

Jupiterstärken Geduld, Großzügigkeit
Jupiterschwächen Bequemlichkeit

Ihr Glück liegt im ungestörten Genuß. Überfluß und Sicherheit bedeuten für Sie die Erfüllung Ihrer Wünsche. Natürlich würden Sie Ihr erstrebtes Glück, wenn es möglich wäre, herbeizaubern, aber Sie können auch warten. Wie ein Gärtner geduldig sät und die wachsenden Pflanzen hegt, damit sie zur vollen Größe gedeihen können, so überwachen Sie Ihr Hab und Gut, Ihre Anlagen und Talente und entwickeln sie zur vollen Reife.
Der Vergleich mit dem Gärtner ist auch in anderer Hinsicht passend. Denn Sie lieben die Natur. Eine Waldlichtung im Frühling erscheint Ihnen als Dom, und Sie sind Ihrem Schöpfer dort vielleicht näher als in einer Kirche. Die Natur zeigt Ihnen absolute Ordnung, Stimmigkeit und Erfüllung. Und Natur heilt. Sie heilt Sie, wenn Sie erschöpft oder krank sind. Sie brauchen sich nur unter einen Baum zu legen, und Sie fühlen sich sofort besser.
In der Natur finden Sie aber auch die Stoffe, um andere zu heilen. Nahrung, Heilkräuter, homöopathische Essenzen. Alles erhält durch Ihren Jupiter eine höhere Potenz, heilt und macht ganz. Sie sollten sich jedoch davor hüten, sich nicht im reinen Besitz zu verlieren: Ein Baum sammelt nicht die Erde, die ihn hält, er benützt sie, um in den Himmel zu wachsen.

Jupiter-Check

Wie habe ich Erfolg, inneres und äußeres Glück? Durch Geduld und Nähe zur Erde. Durch materiellen Wohlstand. Durch Liebe und Sinnlichkeit.
Wie kann ich helfen und heilen? Durch die Heilkräfte der Natur. Aber auch allein ihre Nähe beruhigt und heilt.

Jupiter in den Zwillingen – DAS SELBSTVERSTÄNDLICHE GLÜCK

Jupiterstärken Begeisterungsfähigkeit
Jupiterschwächen Ruhelosigkeit

Ihr Glück finden Sie im Alltäglichen, auf einem Wochenmarkt, im Zug, bei einer Unterhaltung mit Freunden und Bekannten. Aber auch zu Menschen, die Sie noch nicht kennen, finden Sie rasch einen Bezug und große Nähe. Dieses »kleine Glück« bedeutet Ihnen wesentlich mehr als die Suche nach großer und absoluter Erfüllung.
Sie haben eine enorme sprachliche Begabung und werden in Ihrem Leben bestimmt mehrere Sprachen lernen. Sie können auch gut schreiben und sprechen.
Um sich wohl zu fühlen, brauchen Sie die Geselligkeit, den verbalen Austausch und die lebendige Kommunikation. Unter Menschen finden Sie zu sich und fühlen sich aufgehoben im Ganzen der Schöpfung. Allein hingegen verlieren Sie Ihre innere Sicherheit und den tiefen Glauben, daß alles sinnvoll und von höherem Willen getragen ist. Daher ist es auch Ihre Aufgabe, Menschen miteinander zu verbinden, damit sie sich nicht als Individuen erfahren, die wie Robinson Crusoe »allein auf einer Insel« leben. Der Mensch ist ein soziales Wesen. Er wächst in einer Familie auf, schafft sich später seine eigene Familie, seine Arbeitswelt, seine Freunde. Selbst wenn er die Erde verläßt, geht er nicht in die Einsamkeit, sondern dorthin, wo sich immer schon alle aufhalten. Sie sind auf der Welt, um Menschen aus ihrer Einsamkeit zu befreien, in die sie irrtümlicherweise geraten sind.

Jupiter-Check

Wie habe ich Erfolg, inneres und äußeres Glück? In den »kleinen«, alltäglichen Dingen, die um Sie herum sind. Und in der Begegnung mit anderen.
Wie kann ich helfen und heilen? Durch gute Worte, aufmunternden Zuspruch, durch Zuhören und Teilnahme. Durch Schaffen von Verbindungen.

Jupiter im Krebs – DAS GLÜCK DES FÜHLENS

Jupiterstärken Suggestivwirkung, Phantasie
Jupiterschwächen Gefühlspathos, Mißbrauch

Glück finden Sie in Ihren eigenen und in den Gefühlen anderer. Auch Musik oder ein Gedicht weckt ein Ahnen, das Sie Ihrem Schöpfer näherbringt. Gott ist Ihrer Meinung nach ein Gefühl der Verschmelzung mit dem Strom, aus dem alles kommt, und dem Ozean, in den alles mündet.
Man könnte Sie auch einen »Seelentaucher« nennen, denn Ihre liebste Beschäftigung ist, in Ihre eigene oder die Seele anderer Menschen zu tauchen. Eine gesunde und heile Psyche ist für Sie unerläßlich, um zufrieden zu sein. Daher wenden sich auch andere Menschen an Sie, weil sie instinktiv spüren, daß Sie ihnen dabei helfen können, die eigene Seele zu heilen. So betrachtet sind Sie ein Lichtbringer, der anderen Frieden schenkt.
In der Familie sehen Sie den Anfang allen Glücks – aber auch den Anfang allen Elends. Sie werden daher nicht müde, die heile, sinnstiftende, ganzheitliche, befreiende Familie zu postulieren. In diesem Zusammenhang ist eines sehr wichtig: Sosehr Sie die Familie lieben, so fern liegt es Ihnen, nur Ihr eigenes Nest zu bewundern. Ganz im Gegenteil, fremde Sitten und Gewohnheiten sind Ihnen ebenso wichtig wie die eigenen. Am liebsten würden Sie in einer Gemeinschaft leben, die von Menschen der unterschiedlichsten Herkunft getragen wird.
Geborgenheit ist für Sie kein leeres Wort, sondern ein anderer Ausdruck für Erfüllung, Heimat, Göttlichkeit und Ewigkeit. Wie ein Seismograph erspüren Sie daher Unstimmigkeiten in Ihrer Umgebung, die Disharmonie verursachen und den Frieden stören können. Ihre großen heilerischen Fähigkeiten ermöglichen es, solche Dissonanzen zur Auflösung zu bringen. Hüten Sie sich aber davor, als Retter aufzutreten. Sie sind stark, wenn Sie gewisse Dinge einfach nur geschehen lassen.

Jupiter-Check
Wie habe ich Erfolg, inneres und äußeres Glück? Im Fühlen, in der Liebe, im Geben, in der Familie, in der Vergangenheit, bei den Ahnen.
Wie kann ich helfen und heilen? Durch aufdeckende Gespräche und Begleiten.

Jupiter im Löwen – DAS GLÜCK DER FREUDE

Jupiterstärken Herzenswärme, Großmut
Jupiterschwächen Eitelkeit, Dünkel

Glück bedeutet für Sie, die Möglichkeit zu haben, spontan und großzügig schenken zu können. Äußere Werte sind Ihnen deshalb nicht unwichtig, denn nur wer hat, kann geben. Aber Sie sind absolut kein Materialist, im Gegenteil: Wenn Sie nach Macht und Einfluß streben, dann nicht in erster Linie um persönlicher Vorteile willen, sondern weil Sie überzeugt sind, mit Ihrem Eintreten für Ihre Werte einen wichtigen Beitrag für die Allgemeinheit leisten zu können. Geben und großzügig sein zu können sind für Sie wesentliche Eigenschaften. Aber dieses Geben bezieht sich auf ganz andere Dinge als auf Geld und schöne Geschenke: In Ihnen lebt auch die Göttin der Muse, die nur geweckt werden möchte, um andere zu erfreuen, zu unterhalten, zu erheben. Als Künstler, Maler, Musiker, Bildhauer, Poet – darin steckt Ihre größte Erfüllung. Sie müssen jedoch nicht bühnenreif singen oder druckreif schreiben können, um Ihrer Bestimmung als »göttlicher Unterhalter« gerecht zu werden. Wo immer Sie unter Menschen sind, verbreiten Sie Ihren Optimismus. So liegt denn Ihre Bestimmung auch darin, anderen die Freude am Leben zu zeigen.
Wovor Sie sich hüten müssen, ist Ihr Stolz. Sie können nur schwer Kritik ertragen. Und wenn sich andere von Ihnen abwenden, erleben Sie das immer als persönlichen Affront. Bleiben Sie heiter! Tragen Sie das Feuer der Freude unter die Menschen! Aber achten Sie darauf, daß Sie niemanden damit verbrennen!

Jupiter-Check
Wie habe ich Erfolg, inneres und äußeres Glück? Durch lebendige Teilnahme am Leben. Durch Großzügigkeit. Durch die Kraft der Heiterkeit.
Wie kann ich helfen und heilen? Zeigen Sie anderen das Leben, wie Sie es wahrnehmen, als nährenden Urgrund, als göttlichen Spielplatz.

Jupiter in der Jungfrau – DAS GLÜCK DER GESUNDHEIT

Jupiterstärken Engagement, Bescheidenheit
Jupiterschwächen Zersplitterung

Glück ist für Sie die einfachste Sache der Welt, es liegt vor der Tür, es muß nur gefunden und aufgehoben werden. Sie sind daher auch kein Freund großangelegter und sich ewig hinziehender Expeditionen auf der Suche nach dem Glück. Entweder es ist hier – oder nirgends. Manchmal finden Sie das Glück in der Arbeit. Es stimmt Sie völlig zufrieden, wenn Dinge passen oder richtig ineinandergefügt sind und am Schluß eine Maschine läuft oder ein bestimmtes Programm Ergebnisse liefert. Manchmal finden Sie Ihr Glück in der Ordnung: Insbesondere die Natur ist Ihnen darin ein genialer Lehrmeister. Die Folge der Jahreszeiten, das Ineinandergreifen von Phasen des Wachstums und der Stagnation – das alles ist für Sie ein Ausdruck göttlicher Ordnung, die sich in Geschehnissen am Himmel tagtäglich und jahraus, jahrein wiederholt. Auf besondere Weise faszinieren Sie aber die Vorgänge im menschlichen Körper. Dieses tagtägliche Wunder von Nahrungsaufnahme und Verwandlung in Leben, das Ineinandergreifen von Atmung und dem Schlagen des Herzens, das alles ist für Sie ein sinnhafter Beweis göttlichen Wirkens.
Ihr Wissen über die Natürlichkeit und Göttlichkeit des menschlichen Seins befähigt Sie daher zum Heiler. Dafür müssen Sie nicht gleich Arzt, Heilpraktiker oder Psychotherapeut sein. Allein durch Ihre Nähe und Ihr Bewußtsein bewirken Sie bei anderen kleine Quantensprünge. Je weiter Sie selbst sind, um so eher können Sie anderen ein Vorbild sein. Wovor Sie sich hüten müssen, ist, Ihr wertvolles Wissen zu mißbrauchen. Wirken Sie durch Ihr gutes Beispiel und nicht durch Druck und Besserwisserei!

Jupiter-Check

Wie habe ich Erfolg, inneres und äußeres Glück? Im alltäglichen Tun. In der Arbeit. Im Gefühl der Ordnung.
Wie kann ich helfen und heilen? Durch bewußte Ernährung. Durch Studium von Körper und Geist. Durch Lernen von der Natur.

Jupiter sorgt dafür, daß uns ein Licht aufgeht

Jupiter in der Waage – DAS GLÜCK DER LIEBE

Jupiterstärken Toleranz, Lebenskünstler
Jupiterschwächen Eitelkeit, Genußsucht

Glück finden Sie in der Kraft der Liebe. Sie müssen nicht einmal selbst daran unmittelbar beteiligt sein. Auch wenn andere Menschen die Liebe finden, fühlen Sie sich angenommen, zu Hause, eins mit der Schöpfung. Noch göttlicher ist es natürlich, wenn die Liebe Sie selbst betrifft ... Auf einer Wolke schweben Sie, im Paradies sind Sie, im Himmel ... Liebe ist Ihrer Meinung nach Ursprung und Ziel allen Seins. Gott ist die Liebe, und das Leben entspringt aus ihr. Der Liebe geben Sie alles. Umgekehrt beschenkt Sie die Liebe auch. Sie erhalten die Fähigkeit, andere tief zu berühren, sie zu trösten, zu erfreuen und aufzubauen. Ihre Liebe ermöglicht es Ihnen, unterschiedliche Tendenzen und Wünsche aufzunehmen und in Einklang zu bringen. Sie finden immer wieder tragfähige Kompromisse, bei denen niemand der Verlierer ist. Ihr sicheres Geschick prädestiniert Sie für viele Tätigkeiten und Berufe, bei denen es auf Vermittlerqualitäten ankommt, zum Beispiel in der Politik, wenn es darum geht, Menschen mit den unterschiedlichsten Meinungen an einen Tisch zu bringen.
Auch der Kunst gehört Ihr Herz. Allerdings zählt für Sie nur das zur Kunst, was von Liebe getragen ist und Harmonie und Stimmigkeit ausdrückt. Im Grunde genommen schlummert in Ihnen selbst ein Künstler, der darauf wartet, seine Fähigkeiten zum Fließen bringen zu können.
Wovor Sie sich hüten müssen, ist, sich von Liebe und Harmonie einlullen zu lassen. Alles im Leben hat zwei Seiten. Zur Liebe gehört Auseinandersetzung und zur Harmonie Spannung. Nur wenn Sie das Gleichgewicht zwischen Harmonie und Spannung finden, ergibt sich vollendete Liebe.

Jupiter-Check
Wie habe ich Erfolg, inneres und äußeres Glück? Indem Sie verzeihen, lieben, empfangen und geben.
Wie kann ich helfen und heilen? Allein Ihre Nähe heilt.
Ihre Berührungen sind Labsal für Körper, Seele und Geist.

Jupiter im Skorpion – DAS GLÜCK DER TIEFE

Jupiterstärken Tiefgründigkeit, Spiritualität
Jupiterschwächen Exaltiertheit, Despotentum

Glück findet sich Ihrer Meinung nach auf dem Grund aller Dinge, nicht an der Oberfläche. Dieses Wissen haben Sie mit in die Welt gebracht. Es ist die Wahrheit, die Ihnen Ihr Jupiter verkündet und die Sie Ihrerseits weiterverbreiten. Sie kennen die Höhen und Tiefen menschlicher Existenz, und Sie lassen sich nicht blenden vom sogenannten schönen Schein.

Was die Welt wirklich zusammenhält, ist der ewige Kreislauf von Zeugung, Geburt, Leben und Tod. Alles war schon immer – und alles wird immer sein ... Daher nehmen Sie sich in besonderer Weise solcher Dinge an, die ausgegrenzt wurden aus diesem ewigen Kreislauf, aber unbedingt mit dazugehören. Zum Beispiel ist für Sie der Schatten ein notwendiger Teil des Lichts. Sie fühlen sich deshalb veranlaßt, sich für Schwächere einzusetzen oder aus der Gesellschaft Ausgeschlossene zu unterstützen. Sie wissen instinktiv, daß es dem Leben schadet, wenn nicht alle seine Seiten integriert werden. In Ihnen lodert das heilende Feuer Jupiters besonders stark und leidenschaftlich. Wie Pollux einst seinem toten Bruder Kastor in die Unterwelt folgte, um bei ihm zu sein, sind Sie bereit, die größten Unannehmlichkeiten auf sich zu nehmen, damit das Leben keinen Teil verliert. Sie sind daher der geborene Retter und Heiler, unabhängig davon, ob Sie diese Gaben in einem Beruf ausüben oder sie als selbstverständlichen Beitrag in Ihren Alltag einbringen.

Wovor Sie sich allerdings hüten sollen, ist, sich über das Schicksal zu stellen oder zu versuchen, ein unangenehmes, aber wichtiges Ereignis »ungeschehen« zu machen.

Jupiter-Check

Wie habe ich Erfolg, inneres und äußeres Glück? Durch Hinterfragen, In-die-Tiefe-Gehen, Abwarten und einfach Sein.

Wie kann ich helfen und heilen? Indem Sie sich derer annehmen, die von anderen Menschen ausgegrenzt werden.

Jupiter im Schützen – DAS GLÜCK DER HOFFNUNG

Jupiterstärken Idealismus, Expansion
Jupiterschwächen Schwärmerei, Naivität

Glück ist für Sie, unterwegs zu sein, auf Rädern, im Flugzeug, im Zug, auf dem Schiff. In Ihnen lebt die Geschichte aller fahrenden Völker, der Nomaden und Zigeuner, der Boten, herumziehenden Bader, Gaukler, Barden und Geschichtenerzähler. Letztlich ist es die große Suche, die Sie leitet und führt, die Suche nach dem ewigen Gral, nach Erleuchtung, nach der blauen Blume, nach der Quintessenz der Alchimie. Glaube ist für Sie Sehnsucht, Gott findet sich immer anderswo, auf dem Weg zu sein ist für Sie das Ziel.
So verbreiten Sie die Wahrheit des Vielen und nicht die des Einen. Deswegen sind Sie so tröstlich für diese Welt: Denn Sie kennen immer noch einen Weg, sehen stets eine weitere Möglichkeit. Nichts ist für Sie aussichtslos, viele Wege führen nach Rom, und kein Problem ist so groß, daß es nicht doch eine Lösung dafür gäbe.
Das Feuer, das Ihnen Jupiter in die Hände gibt, heißt »Hoffnung«, und wo immer Sie sind, keimt dieses Gut wie Samen in der Erde. Gegen Hoffnungslosigkeit, Borniertheit und Menschen, die anderen keine Chancen lassen, ziehen Sie regelrecht ins Feld. Auf Ihrem Banner stehen Gerechtigkeit und Menschenwürde, das sind Ihre fundamentalen Anliegen, für die Sie sich vehement einsetzen.
Wovor Sie sich hüten müssen, ist, das Kind mit dem Bade auszuschütten. In Ihrem heilsamen Krieg gegen die Blindheit der Menschen laufen Sie Gefahr, selbst blind und einseitig zu werden.

Jupiter-Check
Wie habe ich Erfolg, inneres und äußeres Glück? Durch die immerwährende Suche nach Sinn und Göttlichkeit.
Wie kann ich helfen und heilen? Durch Ihre hoffnungsvolle Art, Ihren Trost, Ihren Humor, Ihren Witz ...

Jupiter im Steinbock – DAS GLÜCK DES WISSENS

Jupiterstärken Führungsqualität, Ausdauer
Jupiterschwächen Lehrmeisterei

Glück ist für Sie, Ihre Arbeit getan zu haben und Ruhe und Sammlung dankbar zu genießen, ähnlich der Erde, die nach einer Phase der Dürre Regen dankbar aufnimmt. Glück ist für Sie aber auch, sich einer Sache vollständig zu verschreiben, ihr zu gehören, bis sie vollbracht ist. Darin gleichen Sie einem Bergsteiger, der nicht eher ruht, bis er auf dem Gipfel steht – und dort nach dem nächsten Ausschau hält. Sie sind daher ein Mensch, der sich selbst immer wieder antreiben und motivieren kann – nach höheren, größeren Zielen strebt.
Genauso können Sie anderen Vorbild und eine große Hilfe sein, zum Beispiel verzagten und ängstlichen Menschen. Sie sind auch eine Führungspersönlichkeit. Nicht eine, die durch große Reden andere zu beeindrucken sucht. Sie werden auch niemals andere voranschicken und selbst im Hintergrund warten. Sondern Sie gehen ihnen voraus. Um das zu leisten, was Sie sich vornehmen, brauchen Sie Kraft, Ausdauer, Zähigkeit. Daher trainieren Sie diese Eigenschaften, um sie zu verbessern.
Sie sind hart zu sich selbst, weil Sie wissen, daß Sie sich nicht schonen dürfen, wenn Sie Ihre Ziele erreichen wollen. Die gleiche Einstellung erwarten Sie allerdings auch von anderen, was manchmal dazu führt, daß diese Sie fürchten und Ihnen aus dem Weg gehen. Daher ist es für Sie wichtig zu erkennen, daß nicht alle Menschen aus dem gleichen (harten) Holz geschnitzt sind. Entwickeln Sie Geduld, Nachsicht und Toleranz für Ihre Mitmenschen, und Sie werden eines Tages den höchsten Berg bezwingen – den Berg der Weisheit.

Jupiter-Check

Wie habe ich Erfolg, inneres und äußeres Glück? Durch Arbeit und Übernahme von Verpflichtungen. Durch Demut. Durch Anstrengung und Leistung.
Wie kann ich helfen und heilen? Durch vorbildliches Verhalten. Durch richtige Führung.

Jupiter im Wassermann – DAS GLÜCK DES FORTSCHRITTS

Jupiterstärken Humanismus, Toleranz
Jupiterschwächen Autoritätskonflikte

Glück ist für Sie das Gefühl, vorwärtszuschreiten, nicht stehenzubleiben, sondern Ihren Idealen von einer besseren, gerechteren, liebevolleren Welt näherzukommen. Sie sind ein Utopist, beseelt von der Vorstellung einer Welt von morgen, in der Armut, Krankheit und anderes Leid überwunden sein werden. Und Sie unterstellen sich selbst dem Fortschritt, arbeiten für ihn, kämpfen für ihn.
Es geht Ihnen jedoch nicht allein um Ihre eigene Zukunft. Sie sind auch ein Menschenfreund, der immer an das Gute glaubt. Sie verfügen über ein großes soziales Verantwortungsbewußtsein. Und Sie suchen immer wieder nach neuen Aufgaben, bei denen Sie Schwächeren und Benachteiligten helfen können. Dabei unterstützen Sie die Eigenverantwortung und Autonomie jedes Menschen. Denn Sie wollen kein Helfer oder Missionar sein, der anderen in ihrer Not zwar hilft, sie aber in ihrer Unmündigkeit beläßt.
Ungleichheit zwischen den Menschen hassen Sie mehr als alles andere. Es fällt Ihnen daher auch schwer, unter einer straffen Hierarchie zu arbeiten und zu leben. Sie dulden keinen über, aber auch niemanden unter sich.
Das Feuer, das Ihnen Jupiter überreicht, ist die Kraft und Ihr Glaube an eine positive Zukunft. Das macht Sie für diese Welt besonders wichtig. Denn Ihrem Willen, Ihren Visionen ist es zu verdanken, daß wir uns immer weiterentwickeln und nicht stehenbleiben.
Von emotional geäußerter Kritik oder Ablehnung lassen Sie sich nicht irritieren, sondern arbeiten beharrlich an der Erreichung eines einmal gesetzten Zieles weiter.
Wovor Sie sich in acht nehmen müssen, ist, daß Sie das Alte nicht völlig verwerfen. Sie berauben sich sonst Ihrer eigenen Wurzeln. Dann ist aber auch der Fortschritt eine Illusion.

Jupiter-Check
Wie habe ich Erfolg, inneres und äußeres Glück? Durch Arbeit an einer besseren Zukunft.
Wie kann ich helfen und heilen? Durch Vermitteln von neuen Perspektiven. Durch solidarische Unterstützung. Durch Veränderung.

Jupiter in den Fischen – DAS GLÜCK DES SEINS

Jupiterstärken Liebe, Mitgefühl, Intuition
Jupiterschwächen »Helfersyndrom«

Glück bedeutet für Sie, eins zu sein mit der Schöpfung, so wie ein Tropfen, der ins Meer fällt, im Meer eins wird mit dem Ganzen. Ihr Leben richtet sich vollkommen nach dem Ideal der Selbstlosigkeit und dem Zurückstellen eigener Bedürfnisse hinter das Wohlergehen des größeren Ganzen.

Ihr Engagement für eine bessere, humanere, liebevollere Welt macht auch vor eigenen Konsequenzen nicht halt, und es kann sein, daß Sie, weil Sie beispielsweise Tiere als beseelt betrachten, kein Fleisch mehr essen. In besonderer Weise gilt Ihr Schutz all jenen, die selbst nicht in der Lage sind, sich zu schützen: Kindern, Kranken oder auch Tieren. Soziales Engagement ist für Sie kein Schlagwort, sondern ein selbstverständlicher Teil des Lebens.

Ihr Jupiter macht Sie sensibel für Ungerechtigkeit und Lieblosigkeit; und er schenkt Ihnen die Kraft und Fähigkeit, entsprechende Mißstände zu mildern. Sei es, daß Sie ein Arzt oder ein Krankenpfleger werden oder einer Umweltorganisation beitreten. Jupiter verleiht Ihnen eine besondere Magie, die Leid und Traurigkeit auflöst. Sie tun aber auch gut daran, diese besondere Fähigkeit weiterzuentwickeln, indem Sie Heilpraktiker werden oder sich mit Dingen beschäftigen, die Ihre Neigungen fördern.

Da Sie Ihre Aufmerksamkeit oft auf ferne Ideale legen, welche für Sie auch mit tiefempfundenen Gefühlen verbunden sind, macht Ihnen die Bewältigung des Naheliegenden und der Umgang mit der unmittelbaren, konkreten Wirklichkeit mitunter etwas Mühe. Des weiteren ist es wichtig, daß Sie sich als Helfer nicht mißbrauchen lassen. Sie sollten daran arbeiten, sich deutlicher abgrenzen zu können.

Jupiter-Check

Wie habe ich Erfolg, inneres und äußeres Glück? Durch Hingabe an das, was ist. Durch Liebe des Ganzen.

Wie kann ich helfen und heilen? Sie besitzen große heilerische Fähigkeiten, die Sie nur zum Fließen bringen müssen.

Das Saturnhoroskop –
ZUM LEUCHTENDEN DIAMANTEN WERDEN

In der Astrologie gilt Saturn weithin als Übeltäter, als Verkörperung des Schlechten und Bösen. Er scheint es darauf abgesehen zu haben, uns das Leben so schwer wie irgend möglich zu machen. Wie der Drache im Märchen verkörpert er Gefahr, Schrecken, ja, zuweilen sogar den Tod. Daher finden sich alte Abbildungen, auf denen Saturn als Skelett mit Sense zu sehen ist, das alles erbarmungslos niedermäht. Saturn kennt kein Mitleid, keine Gnade. Er wirft den Menschen ihr Schicksal vor die Füße – und es bleibt nichts anderes, als es zu nehmen und zu tragen.

Aber es existiert doch auch eine andere, eine positive Seite. Wenn Saturn einen plagt, schikaniert, an den Abgrund heranführt, dann hilft er ebenso, sich gegen die Unbilden des Schicksals zu wappnen. Saturn bietet daher die Chance, stark zu werden. Er »schmiedet« den Menschen, macht ihn hart, widerstandsfähig, ausdauernd. Wer immer etwas Großes erreicht in seinem Leben, der schafft es mit Hilfe Saturns und seiner (oft) grausamen Wechselbäder. Dort, wo in unserem Horoskop der Planet Saturn steht, müssen wir also lernen, in die Schule gehen, dort werden wir gestreckt und zusammengeschoben, kritisiert und tyrannisiert, trainiert und behindert – bis wir Perfektion erlangen. Perfektion, Vollkommenheit, Reinheit – vom Rohling zum Diamanten: So läßt sich das Wirken Saturns zusammenfassen.

Und dennoch geht es dabei keineswegs ausschließlich um Härte, Ausdauer, Übung, Verzicht und unermüdliches Arbeiten an sich selbst. Der Weg zur Vollkommenheit führt unmittelbar am Fluß der Gnade entlang. Die Arbeit mit und durch Saturn besteht nicht nur aus Ehrgeiz und läuft auch nicht allein nach dem Motto »Gelobt sei, was hart macht!« Vielmehr schließt der Weg zur Vollendung ebenso Demut mit ein. Saturn ist kein kalter, gemeiner, fordernder Feind, dem gegenüber es sich nur zu wappnen und zu rüsten gilt. Er verlangt – nein, er verdient – auch Ehrfurcht und Liebe.

DIE ERMITTLUNG DES SATURNZEICHENS

Suchen Sie in der folgenden Saturntabelle Ihren Geburtstag, und entnehmen Sie Ihr Saturnzeichen, das Sie auf den entsprechenden Text im Anschluß verweist. (Siehe auch die Vorbemerkung am Beginn von Teil II dieses Buches.)

Die Saturntabelle

1920* Jungfrau, **1921** 1.1.–8.10. Jungfrau, 9.10.–31.12. Waage, **1922** Waage, **1923** 1.1.–20.12. Waage, 21.12.–31.12. Skorpion, **1924** 1.1.–6.4. Skorpion, 7.4.–14.9. Waage, 15.9.–31.12. Skorpion, **1925** Skorpion, **1926** 1.1.–2.12. Skorpion, 3.12.–31.12. Schütze, **1927–1928** Schütze, **1929** 1.1.–15.3. Schütze, 16.3.–5.5. Steinbock, 6.5.–30.11. Schütze, 1.12.–31.12. Steinbock, **1930–1931** Steinbock, **1932** 1.1.–23.2. Steinbock, 24.2.–13.8. Wassermann, 14.8.–19.11. Steinbock, 20.11.–31.12. Wassermann, **1933–1934** Wassermann, **1935** 1.1.–14.2. Wassermann, 15.2.–31.12. Fische, **1936** Fische, **1937** 1.1.–24.4. Fische, 25.4.–18.10. Widder, 19.10.–31.12. Fische, **1938** 1.1.–13.1. Fische, 14.1.–31.12. Widder, **1939** 1.1.–5.7. Widder, 6.7.–23.9. Stier, 24.9.–31.12. Widder, **1940** 1.1.–19.3. Widder, 20.3.–31.12. Stier, **1941** Stier, **1942** 1.1.–9.5. Stier, 10.5.–31.12. Zwillinge, **1943** Zwillinge, **1944** 1.1.–19.6. Zwillinge, 20.6.–31.12. Krebs, **1945** Krebs, **1946** 1.1.–2.8. Krebs, 3.8.–31.12. Löwe, **1947** Löwe, **1948** 1.1.–18.9. Löwe, 19.9.–31.12. Jungfrau, **1949** 1.1.–3.4. Jungfrau, 4.4.–29.5. Löwe, 30.5.–31.12. Jungfrau, **1950** 1.1.–20.11. Jungfrau, 21.11.–31.12. Waage, **1951** 1.1.–7.3. Waage, 8.3.–13.8. Jungfrau, 14.8.–31.12. Waage, **1952** Waage, **1953** 1.1.–22.10. Waage, 23.10.–31.12. Skorpion, **1954–1955** Skorpion, **1956** 1.1.–12.1. Skorpion, 13.1.–14.5. Schütze, 15.5.–9.10. Skorpion, 10.10.–31.12. Schütze, **1957–1958** Schütze, **1959** 1.1.–5.1. Schütze, 6.1.–31.12. Steinbock, **1960–1961** Steinbock, **1962** 1.1.–3.1. Steinbock, 4.1.–31.12. Wassermann, **1963** Wassermann, **1964** 1.1.–23.3. Wassermann, 24.3.–17.9. Fische,

* Siehe auch die Anmerkung zur Mondtabelle.

18.9.–15.12. Wassermann, 16.12.–31.12. Fische, **1965–1966** Fische, **1967** 1.1.–3.3. Fische, 4.3.–31.12. Widder, **1968** Widder, **1969** 1.1.–29.4. Widder, 30.4.–31.12. Stier, **1970** Stier, **1971** 1.1.–18.6. Stier, 19.6.–31.12. Zwillinge, **1972** 1.1.–10.1. Zwillinge, 11.1.–21.2. Stier, 22.2.–31.12. Zwillinge, **1973** 1.1.–1.8. Zwillinge, 2.8.–31.12. Krebs, **1974** 1.1.–7.1. Krebs, 8.1.–18.4. Zwillinge, 19.4.–31.12. Krebs, **1975** 1.1.–16.9. Krebs, 17.9.–31.12. Löwe, **1976** 1.1.–14.1. Löwe , 15.1.–4.6. Krebs, 5.6.–31.12. Löwe, **1977** 1.1.–16.11. Löwe, 17.11.–31.12. Jungfrau, **1978** 1.1.–5.1. Jungfrau, 6.1.–25.7. Löwe, 26.7.–31.12. Jungfrau, **1979** Jungfrau, **1980** 1.1.–20.9. Jungfrau, 21.9.–31.12. Waage, **1981** Waage, **1982** 1.1.–28.11. Waage, 29.11.–31.12. Skorpion, **1983** 1.1.–6.5. Skorpion, 7.5.–24.8. Waage, 25.8.–31.12. Skorpion, **1984** Skorpion, **1985** 1.1.–16.11. Skorpion, 17.11.–31.12. Schütze, **1986–1987** Schütze, **1988** 1.1.–14.2. Schütze, 15.2.–31.12. Steinbock, **1989–1990** Steinbock, **1991** 1.1.–6.2. Steinbock, 7.2.–31.12. Wassermann, **1992–1993** Wassermann, **1994** 1.1.–28.1. Wassermann, 29.1.–31.12. Fische, **1995** Fische, **1996** 1.1.–6.4. Fische, 7.4.–31.12. Widder, **1997** Widder, **1998** 1.1.–8.6. Widder, 9.6.–24.10. Stier, 25.10.–31.12. Widder, **1999** 1.1.–28.2. Widder, 1.3.–31.12. Stier, **2000** 1.1.–9.8. Stier 10.8.–15.10. Zwillinge, 16.10.–31.12. Stier, **2001** 1.1.–20.4. Stier, 21.4.–31.12. Zwillinge, **2002** Zwillinge, **2003** 1.1.–3.6. Zwillinge, 4.6.–31.12. Krebs

Saturn im Widder – ÜBER DIE KRAFT HERRSCHEN

Saturnstärken	Ehrgeizig, machtvoll, führungsbegabt, durchsetzungsstark, edel
Saturnschwächen	Rechthaberisch, sarkastisch, bösartig, bissig, gemein

In Ihrem Leben geht es darum, Ihre Wildheit zu bändigen, Ihre Emotionen zu zügeln und Ihren persönlichen Willen einem höheren Ziel, einer Idee mit allgemeinem Wert unterzuordnen. Beschreiben ließe sich Saturn als »Pferdeflüsterer« und das Widderzeichen als wildes Pferd, aus dem ein edles Wesen werden soll, das seinem Reiter seine feurige Energie voll und gern zur Verfügung stellt.
Es besteht allerdings auch die Variante, die Wildheit zu brechen und sie zu unterdrücken. Das machen viele Menschen mit Saturn im Widder. Sie verdrängen und vergessen ihre Wildheit und sind schließlich im Besitz eines, um es salopp auszudrücken, alten Kleppers. Die andere Möglichkeit bedarf großer Geduld und harter Arbeit an sich selbst. Man muß die Auseinandersetzung mit dem Leben als Läuterungsprozeß begreifen und Kritik nicht als Verhinderung oder Bösartigkeit des Schicksals, sondern als einen Wink Saturns nehmen. Und es ist notwendig, Emotionen, Wünsche und Sehnsüchte zu hinterfragen und dem Prozeß der Läuterung unterzuordnen.

Saturn-Check
Wo muß ich mich Saturn beugen? Ich muß mein Feuer zähmen und Geduld lernen.
Auf welchen Wegen führt mich Saturn zum Erfolg? Durch Verhinderung, Kritik und Strafe – damit ich vollkommen werde.

Saturn im Stier – ÜBER DIE LUST HERRSCHEN

Saturnstärken Beharrlichkeit, Festigkeit, Standhaftigkeit, Sparsamkeit
Saturnschwächen Geiz, Gefühllosigkeit, Sturheit, Gier, Neid, Existenzangst

Menschen mit Saturn im Stier nehmen sich vom Leben mehr, als ihnen zusteht, und leiden dann unter den Folgen. Man ißt und trinkt mehr, als man verdauen kann – und nimmt zu, setzt Fett an, bekommt Bewegungsprobleme und wird unter Umständen krank. Des Mammons wegen arbeitet man mehr und härter, als einem guttut – und wird nervös, gestreßt und ist zum Schluß arbeitsunfähig. Man legt sein Geld in Geschäften an, die man nicht übersieht – und zu guter Letzt ergeht es einem wie Hans im Glück: Man besitzt gar nichts mehr.
Man lebt also über seine Verhältnisse, und das von Kindesbeinen an. Dramatische Auseinandersetzungen mit Eltern und anderen Erwachsenen sind die Folge, wobei zunächst immer die anderen die »bösen, versagenden und mißgünstigen« Menschen sind. Aber es ist Saturn, der einem das Leben schwermacht. Er verlangt Verzicht, und das gerade dort, wo das Leben am meisten Spaß macht. Das ist ein harter, mühsamer, frustrierender Weg. Auf der anderen Seite entwickelt man auf diese Weise eine besonders feine Sinnlichkeit, wird zum Genießer der kleinen Dinge und der wirklichen Köstlichkeiten des Lebens. Auf dem Weg dorthin hält einem Saturn jedoch jede »Verfehlung« vor: Wer uneingeschränkt seiner Lust folgt, bekommt dafür früher oder später die Rechnung.

Saturn-Check
Wo muß ich mich Saturn beugen? Ich darf meiner Lust und meinen Wünschen nicht nachgeben. Auch gegenüber sämtlichen materiellen Werten – Geld und Reichtum – bedarf es Aufmerksamkeit.
Auf welchen Wegen führt mich Saturn zum Erfolg? Durch Leid, Schmerzen, Versagung und Verhinderung, unter Umständen auch durch Krankheit.

Saturn in den Zwillingen – ÜBER DIE LEICHTFERTIGKEIT HERRSCHEN

Saturnstärken	Klarheit, Überblick, das Wesentliche erkennen, literarisches Geschick, geistige Wendigkeit
Saturnschwächen	Die Wahrheit verdrehen, Unsicherheit, Besserwisserei, Charakterschwäche

Ihre Aufgabe ist es, sich im Leben nicht zu verzetteln, die Wahrheit zu finden und nicht ihren Schein, Wissen zu erwerben, das wirklich nützlich ist. Sie gehen Ihr Lebtag lang in eine Schule, in der Sie lernen, immer besser zu werden, immer mehr Kenntnisse zu erwerben. Aber dieses »Besser« und dieses »Mehr« sind nicht einfach quantitativ gemeint. Es geht um einen großen Reifungsprozeß.
Was ist der Grund, Sie dermaßen streng zu disziplinieren? – In Ihrer Persönlichkeit findet sich ein unglaublich leichtfertiger Anteil. Aus der Sicht des (Über-)Lebens heraus braucht es daher eine andere, eben die saturnische Kraft, damit Sie sich nicht aus dieser Leichtfertigkeit heraus selbst schaden. In Ihrer Tiefenpsyche herrscht also ein berechtigter Zweifel an Ihren Kontrollfunktionen. Das ist der Grund für die Strenge Saturns. Wenn Sie mit Ihrem Saturn in den Zwillingen behutsam und richtig umgehen, dann »schleifen« Sie sich selbst, werden nicht überheblich, sondern orientieren sich an anderen und suchen sich Lehrer und Meister, die Ihnen helfen, vollkommener zu werden.
Worauf Sie noch achten müssen: Mit dieser Saturnstellung neigt man zu einsamen Entschlüssen. Sozusagen als Gegenreaktion auf die Leichtfertigkeit wird man zum Dogmatiker und Besserwisser, zu einem, der alles mit dem Kopf checkt. Eine solche Haltung entspricht nicht dem Wunsch Saturns.

Saturn-Check

Wo muß ich mich Saturn beugen? Ich muß lernen, Kritik konstruktiv zu nehmen. Ich muß über sämtliche Konsequenzen meines Verhaltens Bescheid wissen.
Auf welchen Wegen führt mich Saturn zum Erfolg? Durch Verhinderung, Mißerfolg und Demütigung.

Saturn im Krebs – ÜBER DIE GEFÜHLE HERRSCHEN

Saturnstärken	Selbstbeherrschung, seine Gefühle im Griff haben, zum Kern vordringen, Distanz, Wahrhaftigkeit, Zuverlässigkeit
Saturnschwächen	Gefühlskälte, Rückzug, Mißtrauen, Pessimismus

Ihr Saturn hat Sie auf eine besondere Lebensreise geschickt: Aus einem Wesen, das seinen Gefühlen und Instinkten folgt, soll ein Mensch werden, der sein Leben nach Einsicht, Wahrheit und höherem Wissen steuert. Der Weg ist überaus schwierig und schmerzlich. Saturn hat Ihnen nämlich Angst vor dem Glück und sogar vor der Liebe eingepflanzt. Als wäre es für Sie verboten, Zufriedenheit zu kosten. Als müßten Sie immer wieder die Erfahrung machen, daß das Leben bitter ist.

Woher kommen diese Ängste? – Ihre Psyche ist geprägt von traumatischen Erfahrungen. Es kann sein, daß diese Erfahrungen aus früheren Leben stammen. Es ist aber genauso möglich, daß Sie mit bestimmten existentiellen Erfahrungen Ihrer Ahnen verbunden sind. Jedenfalls lebt in Ihnen die Angst fort, Ihre Gefühle könnten mißbraucht werden, so wie es schon einmal geschehen ist. Deswegen mißtraut Saturn grundsätzlich allen Gefühlen. Es ist reiner Schutz. Sie sollen über die Gefühle hinauswachsen, unabhängig und frei von ihnen werden. Aber Sie dürfen Saturn auch nicht zum Alleinherrscher über Ihr Leben erheben und grundsätzlich vor Gefühlen davonlaufen. Sie sollen klüger, erfahrener ins Leben treten, damit Ihnen nichts Schlechtes widerfährt. Ziel Ihres Lebens ist, Ihre Vergangenheit zu überwinden, nicht vor ihr zu kapitulieren. Stellen Sie sich Ihren Gefühlen! Sie sind kein Kind mehr, das man verletzen kann. Sie sind eine erwachsene, starke Person!

Saturn-Check

Wo muß ich mich Saturn beugen? Ich muß lernen, über meine Gefühle hinauszuwachsen.

Auf welchen Wegen führt mich Saturn zum Erfolg? Durch Angst, Schmerzen, Versagung und Leid.

Saturn im Löwen – ÜBER DAS EGO HERRSCHEN

Saturnstärken Selbstbeherrscht, erhaben, edel, vollendet sein
Saturnschwächen Arrogant, selbstherrlich sein

Mit Saturn im Löwen ist man dafür bestimmt, das Höchste anzustreben – und muß doch immer wieder die Erfahrung machen, ganz unten zu sein. Diese Saturnposition schmiedet Menschen, die Ruhm und Ehren erwerben, Meister und Führungspersönlichkeiten. Aber der Weg dorthin ist beschwerlich; es muß viel erduldet, durchgemacht und verstanden werden. Das Leben pendelt zwischen Macht und Ohnmacht, zwischen Stolz und Scham hin und her. Allmählich entwickelt man Angst vor Macht, Verantwortung und Erfolg – und wird doch auch regelrecht davon angezogen.
Saturn im Löwen kann mit der Zeit zu Unlust dem Leben gegenüber führen. Dagegen muß man dann selbst »zu Felde ziehen«. Zuvor braucht es die Einsicht, was Saturn eigentlich bezwecken möchte. Diese Saturnposition ist die Folge von Machtmißbrauch. Vielleicht hat man in einem früheren Leben versagt, die Verantwortung nicht übernommen. Vielleicht trägt man aber auch an einer Schuld der eigenen Ahnen.
Saturn im Löwen »erzieht« einen dazu, sein Wirken, sein Verhalten und Sein zu überdenken und hinsichtlich sämtlicher Konsequenzen zu verantworten. Dazu gehört im besonderen das Verhalten als Vater bzw. Mutter den eigenen Kindern gegenüber. Man muß die Verantwortung selbst dann übernehmen, wenn man nach gängiger Meinung davon freigesprochen wird, wie zum Beispiel bei einer Krankheit oder einem Unfall.

Saturn-Check
Wo muß ich mich Saturn beugen? Ich muß lernen, Verantwortung zu übernehmen.
Auf welchen Wegen führt mich Saturn zum Erfolg? Er behindert mich, ich werde gedemütigt, kritisiert.

Saturn in der Jungfrau – ÜBER DEN KÖRPER HERRSCHEN

Saturnstärken Treue, Anhänglichkeit, Arbeitseifer, Selbstkontrolle, Genügsamkeit
Saturnschwächen Ernst, Pedanterie, Kritiksucht

Wenn sich Saturn in der Jungfrau niederläßt, trifft Kontrolle auf Kontrolle. Denn allein das Zeichen Jungfrau bedeutet, daß man seine Gefühle, seine Triebe, seinen Sex, seinen gesamten Körper im Griff hat. Wenn dann Saturn noch hinzukommt, verdoppelt sich die vorsichtige und kritische Einstellung. Bei dermaßen viel Skepsis muß in der Vergangenheit (in einem früheren Leben, in der eigenen Ahnenreihe) etwas geschehen sein, das große Angst hervorgerufen hat: Angst vor Sexualität und dem damit verbundenen Akt der Zeugung, Angst vor Schwangerschaft und Geburt. Saturn in der Jungfrau verweist auf ein »Versagen« in diesem Bereich: Vielleicht mußte eine Schwangerschaft abgebrochen werden, möglicherweise kam ein Kind tot zur Welt, oder beide, Mutter und Kind, kamen zu Tode.
Saturn in der Jungfrau schiebt jetzt einen Riegel vor Sex und Zeugung, blockiert die Gefühle, verringert die Lust, versucht, aus dem »Tiermenschen« mit seiner Abhängigkeit von Lust und Trieben einen Homo sapiens im wahrsten Sinne des Wortes, einen »weisen« Menschen, zu machen. Saturn verhindert also und weckt zugleich die Sehnsucht, das Körperhafte des Lebens zu transformieren, ein Wesen zu sein, dessen Energie nicht den Lenden, sondern dem Geist entspringt. Das heißt beileibe nicht, gleich in ein Kloster zu ziehen. Aber sich mit diesem Thema auseinanderzusetzen, das bleibt niemandem erspart, der Saturn in der Jungfrau hat.

Saturn-Check
Wo muß ich mich Saturn beugen? Ich muß lernen, meine Lust zu kontrollieren.
Auf welchen Wegen führt mich Saturn zum Erfolg? Durch Versagen, Enttäuschung, Krankheit und – last, not least – Einsicht.

Saturn in der Waage – ÜBER DIE LIEBE HERRSCHEN

Saturnstärken Gerechtigkeitssinn, Ausgewogenheit, wahrhaftig lieben können
Saturnschwächen Disharmonie, Unzufriedenheit, Gefühlskälte, Einsamkeit

Saturn in der Waage bedeutet die lebenslange Aufforderung, nach der »richtigen, wahren« Liebe zu suchen. Ihr gilt das ganze Sehnen und Streben. Um sie zu finden, müssen jede Menge Enttäuschungen verkraftet werden. Denn was man für Liebe hält – den Rausch der Sinne, überwältigende Gefühle, Herz und Schmerz –, hat vor Saturn noch lange keinen Bestand. In seinen Augen heißt Liebe, daß sich ich und du, der eine und der andere, gleichwertig gegenübertreten. Niemand ist kleiner oder größer, gescheiter oder dümmer, wichtiger oder unbedeutender, reifer oder naiver. Das klingt einfach und ganz selbstverständlich, ist es aber nicht. Menschen haben von Natur aus das Bestreben, sich selbst zu verwirklichen, andere (und dazu zählen auch Partner) hingegen hintanzustellen. Darüber hinaus besteht Saturn auf Zuverlässigkeit. Vor ihm zählt noch das »eherne Gesetz«: »... bis der Tod uns scheidet!«
Es müssen gravierende Dinge geschehen sein (in einem früheren Leben, in der Ahnenreihe), daß jetzt Saturn persönlich über die Liebe wacht. Es kam zu unwürdigem Verhalten. Jemand wurde im Stich gelassen. Die Liebe wurde verraten. Herzen wurden gebrochen ... Jetzt »zahlen« Sie dafür. Aber es ist keine Rache oder Strafe. Saturn macht sich stark, damit Sie die gleichen Fehler vermeiden. Er bringt Sie auf den Weg, und er läßt Sie leiden, solange Sie nicht angekommen sind.

Saturn-Check
Wo muß ich mich Saturn beugen? Ich muß lernen, verbindlich zu sein.
Auf welchen Wegen führt mich Saturn zum Erfolg? Durch »falsche« Liebe, Liebeskummer und Alleinsein.

Saturn im Skorpion – ÜBER DIE VERGÄNGLICHKEIT HERRSCHEN

Saturnstärken Tiefe, Zugehörigkeit, Willenskraft, Verbundenheit mit den Ahnen
Saturnschwächen Engstirnigkeit, Fanatismus

Saturn im Skorpion verweist auf tragische, leidvolle Erfahrungen. Könnte man sein Leben rückwärts ablaufen lassen, so würden rasch Szenen auftauchen, in denen man auf der Flucht, vertrieben, ohne Heimat, ohne Zugehörigkeit, ohne Familie ist. Auch bei den Ahnen, den Eltern, Großeltern und noch weiter zurück herrschen diese Themen vor. Man hat keine richtigen Wurzeln, kein Erbe, das man übernehmen, keine Fußstapfen, in die man treten kann. Wenn man zurückschaut, finden sich Leben ohne Glanz, ohne Würde, ohne Höhepunkte. Daher drängt einen Saturn mit aller Macht dazu, seinem Leben einen Wert zu verleihen. Denn das Gefühl, daß die eigenen Ahnen ein würdeloses Leben führen mußten, formt sich in den Seelen der Nachkommen zu einem großen, mächtigen Anspruch, es besser zu machen, den Gipfel zu ersteigen.
Saturn im Skorpion veranlaßt einen, die dünnen Fäden aus der Vergangenheit aufzuspüren und im Laufe des Lebens ein Netz daraus zu knüpfen – um so wieder einen Halt zu finden. In der Weise, wie man sich umdreht und vor der Vergangenheit verneigt, bekommt man eine Verbindung zu den Ahnen und der eigenen Vergangenheit und erhält Kraft und Wissen. Das ist der »Dank der Ahnen«. Weil man sich ihrer annimmt, erfährt man ihren Schutz, steht nie allein im Leben. Hinter einem steht die Kraft der Vergangenheit.

Saturn-Check
Wo muß ich mich Saturn beugen? Ich muß mich vor der Vergangenheit verneigen.
Auf welchen Wegen führt mich Saturn zum Erfolg? Durch hohe Ansprüche an mich selbst und mein Leben.

Saturn im Schützen –
ÜBER WAHRHEIT UND WISSEN HERRSCHEN

Saturnstärken Pioniergeist, Mut, Weisheit, Stärke, Wahrhaftigkeit
Saturnschwächen Dünkel, Zynismus, Grausamkeit

Saturn im Schützen bedeutet eine Reise zu sich selbst. Es ist, als würde dieser Planet zu einem sagen: »Such deinen eigenen Weg! Laß dich nicht von anderen beeinflussen. Hör nur auf dich …!« Diese starke Hinwendung zu sich selbst und gleichzeitige Abkehr von anderen beruht auf einer Reihe großer Enttäuschungen in der Vergangenheit (der eigenen bzw. derjenigen der Ahnen), bei denen der Glauben an andere Menschen verlorenging: Vielleicht versagte ein Arzt, es unterlief ihm ein Fehler, oder er gab sich zuwenig Mühe. Vielleicht wurde man auch in seinem Glauben zutiefst erschüttert, weil »Gott« etwas Schreckliches zuließ, einem nicht beistand. Es gehört auch zur Vergangenheit von Menschen mit Saturn im Schützen, daß man – um zu überleben – seinem Glauben abschwören mußte. Jedenfalls bestand am Anfang eine große Hoffnung, die schließlich in eine große Enttäuschung mündete.
Mit Saturn im Schützen hat man einen Vertrauten an seiner Seite, einen, der hilft, derartige Enttäuschungen zu vermeiden. Mit diesem Saturn ist man von vornherein skeptisch. Man kommt bereits mit Mißtrauen auf die Welt, und im Laufe der Jahre gewöhnt man sich immer stärker daran, alles in Frage zu stellen. Man wird ein Mensch, der zwischen Illusion und Wahrheit genau unterscheiden kann. Man wird weise.

Saturn-Check
Wo muß ich mich Saturn beugen? Ich muß lernen, mir selbst immer mehr zu vertrauen.
Auf welchen Wegen führt mich Saturn zum Erfolg? Durch Enttäuschungen, Fehlschläge und Irrwege.

Saturn im Steinbock – ÜBER SICH HERRSCHEN

Saturnstärken Klarheit, Standhaftigkeit, Verantwortlichkeit, Führungskompetenz, Selbstbeherrschung
Saturnschwächen Kälte, Rücksichtslosigkeit, Einsamkeit

Mit dieser Position besitzt man einen besonders mächtigen Saturn. Das beruht darauf, daß er der regierende Planet des Tierkreiszeichens Steinbock ist. Man sagt, er sei dort zu Hause und könne sich gut entfalten, seine Kraft verdoppelt sich im Steinbock. Auf der einen Seite führt das dazu, daß Sie kontinuierlich an einer Lebensaufgabe arbeiten. Sie lautet: etwas Großes im Leben vollbringen! Auf der anderen Seite führt diese doppelte Saturnkontrolle dazu, sich selbst zu mißtrauen: Sie haben Angst vor sich selbst, Ihren Gefühlen, Ihren Absichten, Ihrem Tun.
Diese Angst hat ihre Wurzeln in der Vergangenheit (in einem früheren Leben, im Leben Ihrer Ahnen), in der Sie bzw. Ihre Vorfahren ausgenutzt, manipuliert oder sogar mißbraucht wurden. Zu denken ist auch an Verführung oder gewalttätigen Mißbrauch von Kindern, wohl die verwerflichste Untat. Irgend etwas dieser Art ist geschehen, daß Sie sich heute nicht mehr selbst vertrauen. Für Sie sind Menschen gefährlich, unberechenbar, zu allem fähig.
In der Weise, wie Sie älter werden und sich selbst beweisen, daß das Leben, Sie, die anderen berechenbar sind, werden Sie neues Vertrauen schöpfen. Sie werden neue Gefühle entdecken, Gefühle, die weniger aus dem Bauch, sondern aus dem Herzen kommen. Sie können lieben und mit anderen Menschen zusammensein. Aber Sie können auch allein sein. Sie sind unabhängig, selbständig, und Ihr Leben wird getragen von Stimmigkeit und Zufriedenheit.

Saturn-Check
Wo muß ich mich Saturn beugen? Ich muß lernen, Herr meiner selbst zu sein.
Auf welchen Wegen führt mich Saturn zum Erfolg? Durch Angst, Vorsicht, Enttäuschung.

Saturn im Wassermann –
ÜBER DAS CHAOS HERRSCHEN

Saturnstärken Individualität, Erfindertum, Menschlichkeit
Saturnschwächen Chaotisch, verwirrt und verrückt sein, Hochstapelei

Menschen mit Saturn im Wassermann suchen etwas besonders Wertvolles im Leben, nämlich Individualität. Individualität ist kostbar. Zwar sagt man leicht dahin, jeder sei ein Individuum. Aber das ist hier nicht gemeint. Ein Individuum in diesem Sinne besitzt einen ganz eigenen Charakter, etwas völlig Besonderes und Einmaliges. Dadurch unterscheidet sich der einzelne von allen anderen Menschen, vergleichbar einem einzeln stehenden Baum in einer Landschaft.
Dieser Wunsch nach Individualität ist uralt. Sie tragen ihn schon lange (viele Leben, durch Generationen hindurch) mit sich herum. Sie sind aus der Gesellschaft ausgebrochen, haben Ihre Familie verlassen – immer auf der Suche nach Freiheit, nach Individualität. Sie haben Menschen mit anderem Glauben, aus anderen Ländern und aus anderen sozialen Schichten geliebt. Kinder kamen, noch bevor ein längeres Zusammenleben überhaupt zur Diskussion stand. Sie selbst entstammen letztendlich einer derartigen »Augenblicksverbindung«. Sie verdanken Ihr Leben einem »Zufall«, einer Laune des Lebens und der Spontaneität und Freiheit Ihrer Vergangenheit.
Aber Sie waren auch blind und unwissend und erlebten daher grandiose Irrungen und Verwirrungen. Sie erlitten die große Angst vor dem Chaos, vor einem Sein ohne Ordnung und Sicherheit. Sie wurden ausgestoßen und verbannt, verjagt und geächtet. – Jetzt begleitet Sie Saturn. Sie werden Ihr freies Leben fortführen und sich dabei immer sicherer am Chaos vorbeimanövrieren.

Saturn-Check

Wo muß ich mich Saturn beugen? Ich muß lernen, meine Individualität zu leben, ohne im Chaos unterzugehen.
Auf welchen Wegen führt mich Saturn zum Erfolg? Durch Reinfall, Bruchlandung und Fehlentscheidung.

Saturn in den Fischen – SEIN MITGEFÜHL BEHERRSCHEN

Saturnstärken Toleranz, Opferbereitschaft, Weitblick, Visionen
Saturnschwächen Ich-Schwäche, Isolation, Selbstzweifel

Saturn in den Fischen bedeutet ein Geheimnis. Wie im Märchen wird Ihnen aufgetragen, sich auf eine Reise zu begeben. Wohin? Vielleicht zum Ende des goldenen Regenbogens. Oder ans Ende der Welt. Oder nirgendwohin. Mit Saturn in den Fischen ist einem zwar ein Geheimnis in die Wiege gelegt – aber mehr weiß man nicht. Das Geheimnis hat damit zu tun, daß in Ihrer Vergangenheit (in einem früheren Leben, in Ihrer Ahnenreihe) jemand verschwiegen wurde: ein Kind, eine andere Frau, der richtige Vater ... Dieses verleugnete, verschwiegene, verheimlichte Leben fehlt jetzt Ihrer Seele, und sie sucht danach, ohne daß Sie es selbst bewußt wahrnehmen.
In Ihrer Vergangenheit existieren solche Geschehnisse. Von daher haben Sie ein besonderes »Organ« für Unrecht und Lüge. Wo immer in dieser Welt Unrecht geschieht, leiden Sie mit. Jedes Leid zieht Sie regelrecht an. Aber das hat auch fatale Folgen für die Liebe. Sie neigen dazu, sich einen Partner zu suchen, der ganz besonders der Liebe bedarf, weil er unglücklich ist. Dann können Sie ihm – so glauben Sie zumindest – all das angedeihen lassen, was in der Vergangenheit nicht geschehen ist: grenzenlose Liebe. Sie nehmen ihn an. Sie sind für ihn da. Sie verstoßen ihn nicht.
Aber das ist der falsche Weg. Sie müssen mit der Vergangenheit fertig werden und sie nicht ständig vor sich hertragen. So wiederholen Sie Ihr Karma nur. Sie müssen nicht aufhören, andere zu lieben. Aber Sie dürfen das rechte Maß nicht aus dem Auge verlieren.

Saturn-Check
Wo muß ich mich Saturn beugen? Ich muß mich mit meiner Vergangenheit auseinandersetzen.
Auf welchen Wegen führt mich Saturn zum Erfolg? Durch Desillusionierung und Enttäuschung.

Schon immer suchte der Mensch einen Halt bei den Sternen

Info:

IHR PROFESSIONELL ERRECHNETES HOROSKOP

Im Computerzeitalter ist es ein leichtes, die exakte Horoskopzeichnung eines Menschen in Sekundenschnelle anzufertigen, wenn man die dazu erforderlichen Daten (siehe unten) eingegeben hat. Es dauert auch nicht lange, bis der Rechner dann die entsprechenden Deutungen aus Textbausteinen zusammenstellt. Daher gibt es inzwischen zahlreiche Anbieter, bei denen Sie mehr oder weniger preisgünstig Horoskope mit und ohne Interpretation erhalten können.
Beim Verfasser dieses Buches kann man gegen Vorauszahlung von 20,– DM/10,– Euro (in bar oder als Scheck; ab 2002 bitte in Euro) ein Geburtshoroskop (nur Zeichnung) bestellen. Bitte Name, Adresse, Geburtstag, Geburtszeit (gegebenenfalls beim Standesamt des Geburtsortes erfragen) und Geburtsort (bei kleineren Orten auch zusätzlich die nächste größere Stadt) angeben.
Wenn Sie möchten, können Sie hier auch eine vom Computer erstellte Persönlichkeitsanalyse anfordern. Der Preis für die etwa zwanzig Seiten umfassende Interpretation beträgt 60,– DM/30,– Euro inklusive Horoskop.
Sie können ebenso eine vom Computer berechnete Jahresprognose bestellen. Die kleine Vorausschau (zirka 15 Seiten, nur langsam laufende Planeten) kostet 60,– DM/30,– Euro. Die große Vorausschau (etwa 50 Seiten mit Merkur, Venus und Mars) kostet 80,– DM/40,– Euro (bitte Zeitraum angeben).
Sie haben dann eine zuverlässige Vergleichsmöglichkeit und können Ihre ganz individuellen Prognosen mit Büchern wie diesem abstimmen.

Die Adresse:

Erich Bauer
Postfach 22 11 15

80501 München